Walter Hinck
Walter Jens. Un homme de lettres

Walter Hinck

Walter Jens
Un homme de lettres
Zum 70. Geburtstag

verlegt bei Kindler

Mit einem Verzeichnis der Werke von
Walter Jens,
zusammengestellt von Uwe Karbowiak

Die Deutsche Bibliothek – CIP-Einheitsaufnahme

Hinck, Walter:
Walter Jens. Un homme de lettres. Zum
70. Geburtstag / Walter Hinck. [Mit einem Verzeichnis der
Werke von Walter Jens, zsgest. von Uwe Karbowiak]. –
München : Kindler, 1993
ISBN 3-463-40171-1

Dieses Buch wurde auf chlor- und säurefreiem Papier gedruckt. Die Folie des Schutzumschlages sowie die Einschweiß-
folie sind PE-Folien und biologisch abbaubar.

Umschlaggestaltung: Graupner & Partner
Umschlagfoto: dpa/Kai-Uwe Wärner
Satz: DTP im Verlag
Druck und Bindung: Freiburger Graphische Betriebe
Printed in Germany
ISBN 3-463-40171-1

5 4 3 2 1

Inhalt

Brücken
schlagen

»Bei Walter und Inge Jens« – notiert Wolfgang
Hildesheimer in seinen Aufzeichnungen aus den
Jahren 1965 und 1966. »Walter Jens spricht nicht
nur druckreif. Er denkt druckreif. Ich kenne keinen anderen Menschen, der aus der Erzählung
eines anderen eine Situation – wohlgemerkt: eine
Situation und nicht nur die Qualität eines literarischen Textes – so unmittelbar erfaßt. Erzähle
ihm von einer menschlichen Situation, etwa die
eigene Verfassung, die Zweifel, Verzweiflung,
und er liefert dir eine Analyse, die du selbst nicht
sofort erfaßt, die erst bei längerem Nachdenken
sich als genau richtig herausstellt. Frage ihn nach
den Möglichkeiten eines eigenen literarischen
Vorhabens, und er liefert dir – aufgeteilt in Kategorien – Möglichkeiten und Gefahren der Verwirklichung.«
Hildesheimer hält hier eine Erfahrung fest, die so
mancher Freund und Schriftstellerkollege oder
auch nur Gesprächspartner von Walter Jens mit
ihm schon geteilt hat: das immer erneute Erstau-
nen über eine ungewöhnliche geistige Präsenz
und Kombinationsfähigkeit, über die höchstmög-

liche Einheit und Gleichzeitigkeit von Denken und Sprechen, genauer die unmittelbare Wechselwirkung zwischen der Rationalität des Gedankens und der Rationalität der Sprache, über die Sicherheit im Aufdecken der Unzulänglichkeit und im Imaginieren der gelungenen Form eines literarischen Werks. Eine Souveränität solcher Art kann auch einschüchternd wirken. Der Verfasser erinnert sich an jenen öffentlichen Klagenfurter Wettbewerb um den Ingeborg-Bachmann-Preis, wo er als Juror zum erstenmal gemeinsam mit Walter Jens in der literarischen Arena stand, an den blendenden Eindruck der analytischen und rhetorischen Brillanz Jensscher Textkritik. In Erinnerung geblieben ist aber auch, daß sich Jens' Rede streng an die Sache hielt und überhaupt nicht darauf angelegt war, jemand anders mundtot zu machen, daß das Artistische bei Jens einfach zu einer zweiten Natürlichkeit geworden ist.

Doch spricht Hildesheimers Notat noch von einer anderen Erfahrung im Verhältnis zu Jens, von der Fähigkeit und dem Bedürfnis des Freundes, die »menschliche Situation« des anderen – auch die der Verzweiflung – zu durchdringen und zu diagnostizieren, als sei es die eigene. Hier wird die Situationsanalyse – Hildesheimer deutet es an – zu einem Akt der Nächstenhilfe. Es ist ein brüderlicher Antrieb, der einer bloßen Analyse eine zusätzliche Qualität verleiht, nämlich den Charakter der Tat.

Artistik und Brüderlichkeit erweisen sich als zwei Grundkonstanten des Schreibens und Wirkens von Walter Jens. Verkürzt man sie nicht zu bloßen Begriffsschablonen und hält man alles Schubladendenken fern, so sind gerade sie es, die das erzählerische und dramatische, das übersetzerische und das essayistisch-wissenschaftliche Werk verklammern – als Bürgen für die Symbiose des Rhetorikprofessors und des Schriftstellers, des Bibelinterpreten und des kämpferischen Republikaners Jens. Wie einst bei Lessing ist der Geist bekennenden, aber nicht unkritischen Christentums ein enges Bündnis mit dem Geist der Aufklärung eingegangen.

Als Kronzeuge aufrufen ließe sich eine Mittlerfigur zwischen Lessing und Jens: Heinrich Heine mit seiner Schrift »Die romantische Schule«. »Kunst, Theologie, Altertumswissenschaft, Dichtkunst, Theaterkritik, Geschichte, alles trieb er mit demselben Eifer und zu demselben Zwecke. In allen seinen Werken lebt dieselbe große soziale Idee, dieselbe fortschreitende Humanität, dieselbe Vernunftreligion« – Sätze, auf Lessing gemünzt und auf Jens übertragbar, erweitert man »Geschichte« um Politik und Zeitgeschichte und ersetzt »Theaterkritik« durch Literatur- und Medienkritik. Zu vermitteln, Brücken zu schlagen, ist Hauptantrieb Jensschen Schreibens: Brücken zwischen Antike und Gegenwart, zwischen Religion und Literatur, zwischen den Gebrandmarkten und den im Vorurteil Befangenen, Brücken zum Nächsten und Brücken zwischen den Nationen.

Der lange Atem
der Antike

Die Gegenwart
des griechischen Mythos

Was nach bestandenem Abitur am angesehensten Hamburger Gymnasium, der Gelehrtenschule des Johanneums, den Studenten Walter Jens im Jahre 1941 bewog, das Studium der Germanistik hinter das der Klassischen Philologie zurückzustellen, hat gewiß mit der zeitgeschichtlichen Situation und der unterschiedlichen Anfälligkeit der beiden Fächer für die Ideologie des Nationalsozialismus zu tun, aber wohl auch mit dem geringen Reiz, den die deutsche Blut-und-Boden-Dichtung der Zeit auf jemanden ausübte, dem von der im »Dritten Reich« verbotenen Literatur beispielsweise *Die Buddenbrooks* bekannt waren. Ins Gewicht fiel wohl bei der Entscheidung auch die Persönlichkeit des großen klassischen Philologen der Universität Hamburg, Bruno Snell, obwohl Jens in Freiburg, wo er das Studium fortsetzte, in Walther Rehm auf einen unangepaßten Germanisten traf, »der 1944 den ihm völlig unbekannten Studenten – damals ein tollkühner

Akt! – sein Exemplar der ›Lotte in Weimar‹ aus-
lieh« (nicht von ungefähr also wurde Thomas
Manns Werk zu einem der bleibenden Themen
von Jens). Schon dem Schüler Jens war demonstriert worden, welche Folgen Denunziation haben konnte. Mit Freunden hatte er den Klassen-
lehrer »vor der Gestapo zu verteidigen – so etwas
prägt sich ein; auch in den folgenden Jahren fehlte
es an Mißhelligkeiten nicht: Gründe genug, um
im Altertum unterzutauchen und bei Tacitus die
Kunst der Sklavensprache zu lernen«.
Es war – Jens blieb sich dessen immer bewußt –
in einer Zeit, da die meisten Generationsgenossen
zu Werkzeugen oder Opfern des Kriegs und der
politischen Diktatur eines Größenwahnsinnigen
wurden, kein geringes Glück, an der Universität
und zudem noch in einer wissenschaftlichen Ni-
sche »untertauchen« zu können. Jens verdankte
diese Gunst weder besonderen ›Beziehungen‹
noch einer Schweijkschen oder Krullschen
Schlitzohrigkeit, und er bekam sie nicht zum Ge-
schenk; was ihm einen Lebensabschnitt erleich-
terte, entschädigte ihn nur für eine Lebensbürde:
sein Asthmaleiden. Ende 1944 in Freiburg bei
Karl Büchner mit einer Dissertation über die Stichomythie in Sophokles' Tragödien promoviert,
habilitierte er sich 1949 in Tübingen mit der
Arbeit *Libertas bei Tacitus*. Als er 1956 in Tübin-

gen zum außerplanmäßigen Professor für Klassische Philologie ernannt wurde, hatte er als Erzähler und als Mitglied der »Gruppe 47« längst aufgehört, sich mit dem Gelehrtenkatheder zu bescheiden.

Das Buch *Hofmannsthal und die Griechen* (1955), obwohl aus Vorlesungen und Vorträgen hervorgegangen, zeigt den Autor bereits auf der Grenze zwischen wissenschaftlicher Interpretation und schriftstellerischer Selbstorientierung. Die Analyse von Hofmannsthals Verhältnis zur Antike stellt ihn sozusagen vor die Gretchenfrage »Wie hältst du es selbst mit den Griechen?«. Genauer: sie verweist den Schriftsteller und Publizisten an die Reflexion über eigene Möglichkeiten produktiver Aneignung des antiken Erbes. Das heißt nicht, daß Jens in diesem Buch der Antike-Rezeption Hofmannsthals seine eigenen Ansichten überstülpt oder sie zum Vorwand für eigene Thesen nimmt. Die eigene Begegnung des Schriftstellers Jens mit der griechischen Welt erhält ihren umfassenden Reflexionshorizont erst in dem Reisebericht *Die Götter sind sterblich* (1959). Aber das Werk Hofmannsthals wird ihm zum exemplarischen Fall für Antworten, wie sie ein Dramatiker des 20. Jahrhunderts auf die antike Überlieferung zu geben vermag oder zu geben gedrängt wird. Und was die Einleitung zusam-

menfassend für Hofmannsthal festhält, wird sinngemäß bald für ihn selbst gelten: »Immer wieder
… reizte ihn der antike Mythos zu wetteifernder
Nachahmung; immer wieder fühlte er sich provoziert, das Eigene am unbezweifelten Vorbild zu
klären. Die Antike war ihm nie um ihrer selbst
willen wichtig.«

Was Jens in Hofmannsthals dramatischer Umwandlung griechischer Stoffe (zumal in *Alkestis,*
1893, *Elektra,* 1904, *Ödipus und die Sphinx,*
1906, *Ariadne auf Naxos,* 1911, und *Die ägyptische Helena,* 1928) bezeugt sieht, ist die »Gegenwart des griechischen Mythos« – eine Gegenwärtigkeit freilich, die nicht erreicht werden kann
durch einfache Wiederholung, sondern nur durch
ein »neues Mosaik« der Elemente. Nur so gewinnt der Mythos die Fähigkeit, »etwas anders
nicht mehr Sagbares im Gleichnis dramatischen
Spiels zu erklären«.

Man merkt dem Buch seine Entstehung in den
fünfziger Jahren an; auch Jens scheint ein wenig
angesteckt von der Vorliebe fürs Ungefähre und
einen Ton, der sich zumal in der Germanistik des
ersten Nachkriegsjahrzehnts durchsetzte und in
der Formel vom »Wissen *um*« verriet. Dem entspricht, daß Jens sich einfangen läßt von Hofmannsthals Lieblingsvokabeln der »Präexistenz«
und »Existenz« oder des »Mystikers ohne My-

14

stik«. In der späteren wissenschaftlichen Prosa ist alles abgestoßen, was die kritische Klarheit der Analyse oder der Deutung trüben könnte.

Das Buch *Hofmannsthal und die Griechen* bleibt immer eine wichtige Station im Prozeß der Selbstfindung des Schriftstellers Jens. Die Aufsätze des klassischen Philologen sind zusammengefaßt in dem Band *Zur Antike* (1978). Mit historischer Sachlichkeit beschrieben werden die »Strukturgesetze der frühen griechischen Tragödie« und Aischylos' Entwicklung einer dialogisch-dramatischen Form, die dann Sophokles zur Vollkommenheit führt. Kein Zweifel aber bleibt, daß dem Dramatiker Euripides die produktive Sympathie des Autors Jens gehört: ein Dichter wagt »zu denken« und »die Philosophie mit dem Schauspiel und das Bild mit der Maxime zu vereinen.«. Euripides als poeta doctus, der die Tradition nur voraussetzt, um mit ihr zu spielen, Euripides als Konstrukteur, der seine Szenen mit mathematischer Luzidität fügt und doch am Ende alles offenläßt, um dem kunstverständigen Zuschauer das letzte Wort zu geben – an diesen antiken Dramatiker sieht sich der moderne Autor sowohl durch seine geschichtliche Situation wie durch seine eigenen künstlerischen Möglichkeiten und Absichten verwiesen, ihm fühlt er sich am nächsten.

Es sind die ästhetischen Schnittpunkte des antiken und des zeitgenössischen Dramas, die Jens anziehen, und exemplarische Orte sind ihm das Dionysos-Theater in Athen und Bertolt Brechts Theater am Schiffbauerdamm in Berlin. Brechts Polemik gegen die Poetik des Aristoteles wird allenfalls als Protest gegen die späteren Interpreten anerkannt: als Gegenentwurf zum griechischen Theater ist Brechts »episches Theater« ein Mißverständnis. Gewiß, eine Grundvoraussetzung des griechischen Dramas entfällt für das Drama der Gegenwart: »Die Existenz des tragischen Helden ist an die Existenz der Polis, die Existenz der Polis an die Existenz der Götter gebunden.« An die Stelle der Ordnung, in der das überindividuelle Gesetz unantastbar ist, trat längst eine »Welt der Relativität«. Dennoch gibt es Ähnlichkeiten der Struktur: ebenjene »Spannung des Dramatischen«, die Brecht als erkenntnishemmend verwirft, war auch der antiken Tragödie fremd. In dem fiktiven Dialog »Sophokles und Brecht« läßt Jens die beiden Autoren ein Streitgespräch führen, in dem der ältere den unentwegt gegen die »Katharsis« der griechischen Tragödie wetternden jüngeren Dichter überführt, mit seiner Suada gerade das zu sein, was er als Feindbild aufbaut: »Hypnotiseur« und »Magier«. Und Jens, der gelehrte Autor des szenischen Dialogs (Totengesprächs), entläßt den dozierenden Brecht nicht ohne die Belehrung des alten Griechen: »Verfremdung, sagst du? Aber Freund, das ist ein griechisches Wort: Lies es nur nach. Xenosis. Ein Begriff aus der Rhetorik«. – Mit solchem ironischen Takt hätte, wäre die Szene geschrieben worden, auch der Verfasser der *Hamburgischen Dramaturgie* seinen jüngeren Kollegen vom Schiffbauerdamm-Theater aufklären können.

Als »poeta doctus, Antiquar und Artist in einer Person« wird Lessing von Jens skizziert, als »gelehrte Jagd« sein Verhältnis zur Antike. Jens' Bewunderung für den großen Dichter der deutschen Aufklärung hält sich im Aufsatz *Lessing und die Antike* an ein herbes, unterkühltes Vokabular und wird dadurch dem spröden Zug der geistigen Physiognomie Lessings unmittelbar gerecht. An Lessings rigorose »Reduktion der kulturellen Überlieferung« wird erinnert, aber auch an seine Gabe, »dem Abgegriffenen durch Umfiguration und verfremdende Pointierung neue Anschaulichkeit zu verleihen«. Der über die »Scholaren-Pedanterie« spottete, war selbst ein »Buchgelehrter«, heimisch in »Lebensformen zweiter Hand«. Dennoch inthronisierte er, Nietzsche vorgreifend, die »Philologie als eine fröhliche Wissenschaft«. Und so wird der »Buchgelehrte« doch zum verpflichtenden Vorbild des nachgeborenen Altphilologen und poeta doctus: durch seine in glanzvollem, witzigem und plastischem Deutsch gebotene Philologie, durch die nationale Einbürgerung der Altertumswissenschaft und durch die »Demokratisierung der klassischen Bildung«.

Metamorphosen
des Odysseus

Zum Vorbild wird Lessing auch dadurch, daß philologische Erkenntnis das eigene literarische Experiment herausfordert. In diesem Sinne ist der Band *Hofmannsthal und die Griechen* (1955) wissenschaftliches Vorspiel des Hörspiels *Tafelgespräche* (1956) und der Erzählung *Das Testament des Odysseus* (1957), in denen Jens seinerseits dem Mythos eine neue Gegenwart zu geben versucht. Hofmannsthal, so hatte es geheißen, sei »durch die kühne Umwandlung des vorgegebenen Stoffes zum Dramatiker« geworden. Nichts anderes als eine »kühne Umwandlung« der griechischen Gestalt, wie wir sie aus der Überlieferung kennen, ist die Figur des Odysseus, der in der Erzählung am Ende seiner Tage für den Enkel Prasidas einen Lebensbericht niederschreibt, in dem ein »liebgewordenes Bild« radikal zerstört wird. Jens hat sich

18

später für solches Verfahren einen großzügigen Freibrief ausgestellt, in seiner Rede *Antiquierte Antike. Perspektiven eines neuen Humanismus* (1971). Um »das Appellative« des »klassischen Erbes« zu erhalten, sagt Jens, müsse man »immer neue Variationen« ausprobieren: »Odysseus als König und Prolet, als Höllensohn und christlicher Ritter, als stoischer Weiser und epikureischer Vielfraß, als Kriegsdienstverweigerer und Militarist, als Lutheraner und Jesuit, als Faschist und Jude!«

Von so weitgehender Freiheit hat Jens keinen Gebrauch gemacht, weder in der Erzählung noch im Hörspiel, das trotz anderer Rahmensituation (Odysseus »berichtigt« Homer in einem Tischgespräch) die Odysseus-Variante der Erzählung vorwegnimmt. Im *Testament* erklärt Odysseus die Geschichten von den zehnjährigen »Irrfahrten« während der Heimkehr von Troja, den poetischen Stoff der *Odyssee* also, als reine literarische Fiktion, als Märchen, Fabeln und Sagen, die er dem König Priamos am Krankenbett erzählt und die man später für seine eigenen Abenteuer ausgegeben habe. Diese Desillusionierung, die den Wirklichkeitsgehalt der »Irrfahrten« dementiert, bedeutet zugleich eine weitere Literarisierung des Stoffes. Und tatsächlich ist der Odysseus der Erzählung nicht nur König von Ithaka, Wegbereiter eines Bündnisses der Fürsten, Krieger und listiger Erfinder des »Trojanischen Pferdes«, sondern auch ein Literat und Poet, dem beim Schreiben eine »Wunderwelt«, nämlich das »Mysterium der Sprache« aufgeht, der »den Zauberklang der Alliteration oder den lockenden Reiz der Anapher verspürt« – ein Ästhet fast wie der frühe Hofmannsthal, ein Anwalt der Kultur jedenfalls.

Von dieser Grundhaltung des Ich-Erzählers Odysseus her wird die Variation der Homerischen Vorlage oder gar der Gegenentwurf zu ihr verständlicher. Jens setzt gegen den mythischen Odysseus einen utopischen, einen Abkömmling von Königen, die nicht »Tyrannen« waren, sondern »Träumer, die mit dem Leben nicht ganz fertig wurden« – einen Odysseus, der dem unaufhaltsamen Lauf der Verhängnisse Möglichkeiten menschenwürdigen Lebens abzuringen versucht. Den Krieg zu verhindern, kann auch seinem diplomatischen Spiel, in dem Helena, das Alabasterwesen mit der »Schönheit einer Puppe«, zur eigentlichen Gegenspielerin wird, nicht gelingen. Aber als dieser Krieg über das zehnte Jahr hinausgeht, will er ihn abkürzen. Um »den Frieden auf eigene Faust zu erzwingen«, ersinnt er das Täuschungsmanöver und läßt sich und neun andere Männer im hölzernen Pferd durch das Tor von Troja ziehen. Als er das Pferd in der Maske eines alten Troers verlassen hat, ändert er seinen Plan, um dem Gemetzel an Kindern und Frauen und der Plünderung der Stadt zuvorzukommen. Aber seine Warnungen kommen infolge unglücklicher Ereignisse zu spät oder ernten Unglauben und Gelächter. Das Unheil bricht mit voller Gewalt herein. Und erst sehr viel später, nach seiner Rückkehr in die Heimatstadt, kann er mit einer persönlichen Entsagung ein mögliches politisches Chaos abwenden. Entgegen dem überlieferten Bericht findet Odysseus, weil Augenzeugen ihn vor Jahresfrist als Toten identifiziert haben wollen, Penelope frisch verheiratet mit einem würdigen Mann, der für eine milde Regierung bürgt. Odysseus zieht sich unerkannt in die Berge zurück. Das Happy-End der Heimkehr wird der glücklichen Zukunft des Landes geopfert.

Vielleicht wirkt Jens' Neuentwurf der Figur als eines zur Friedensliebe bekehrten und ästhetisch sensibel gewordenen Kriegers, deutbar als Antwort auf die Katastrophe des Zweiten Weltkriegs und als Protest gegen einen neuen, wenn auch vorläufig »Kalten« Krieg, in ihrem Optimismus etwas angestrengt. Aber noch jüngst hat Jens in seinem Diskurs *Odysseus: Das Doppelgesicht des Intellektuellen* (*Mythen der Dichter*, 1993), ausgehend von James Joyce' Reflexionen zum Roman *Ulysses,* Odysseus die widersprüchlichste aller

Mythenfiguren genannt und zu bedenken gegeben, ob Odysseus nicht überhaupt nur »als Anwalt der Humanität« eine »Chance zu überleben« habe. Und für die humane Botschaft der Erzählung spielt sicherlich der *Ajas* des Sophokles, den Jens »frei« übersetzt hat (Aufführung 1965), eine vermittelnde Rolle. Ein wesentlicher Zug des Ich-Erzählers im *Testament des Odysseus* ist im Odysseus des Sophokleischen *Ajas* schon vorentworfen. Vom besonnenen Feind rasender Gewalt und vom humanen Anwalt des toten Gegners führt ein folgerichtiger Schritt zu jenem Odysseus der Erzählung, der den Frieden des Landes nicht durch den Anspruch auf Rechte an seiner Frau gefährden will. Dennoch bleibt zu fragen, ob sich über die archaische, im Verhängnisverlauf unerbittliche Welt des Trojanischen Kriegs der Mantel einer Friedensutopie breiten läßt. Unausdrücklich hat Jens die Antwort selbst gegeben. Wo die Friedensutopie dem Stoff innewohnt, in der *Lysistrate* des Aristophanes, kann sie weitergedichtet werden (*Die Friedensfrau*, 1986). Und daß die Warnung vor Gleichgültigkeit oder Blindheit gegenüber erneuter Bedrohung nicht auf die utopische Aufhebung des Mythos beziehungsweise der dichterischen Vorlage angewiesen ist, sondern ihre Wucht gerade aus der Verstärkung des Schreckens beziehen kann, zeigt *Der Untergang* (nach den *Troerinnen* des Euripides) aus dem Jahre 1982.

Ich gestehe, daß mir von allen frühen Texten zum Thema Antike der Reisebericht *Die Götter sind sterblich* (1959) der liebste ist. Dieses Tagebuch dokumentiert eine Griechenlandreise, die über Venedig und über die Stationen Korfu, Ithaka und Olympia, Heraklion, Knossos und Delos, Mykene, Nauplia und Epidauros, Athen und Rom führt – eine Fahrt in die Antike, die sich fortsetzt in die Gegenwart des geteilten Deutschlands, als Reise nach Berlin und Leipzig. Lebendigkeit und innere Spannung gibt Jens dem Journal durch die Verknüpfung von Reiseprotokoll und Reflexion, von Landschafts- bzw. Ortsbeschreibung und Essay, von Anschauung und Theorie, aber auch von erzählender und lyrischer Prosa, von wissenschaftlichem Kommentar und dichterischer Neuformung oder Ergänzung des Mythos. Auch wo das berichtende oder fabulierende Ich zurücktritt, temperiert es die Sprache, den Gedanken, das Spiel der Phantasie – *Die Götter sind sterblich* ist einer der individuellsten und facettenreichsten Prosatexte von Jens.

Insofern scheint die Berufung auf Homer als den »Handwerker«, scheint der Seitenhieb auf das »Geschwätz vom eigenen Stil« eigentlich unnötig. Nicht dagegen die Rechtfertigung von »Alex-

andriens Metier«, also einer mit dem Pfund des
Wissens wuchernden Literatur. Die vier Leitbe-
griffe Metamorphose, Variation, Zitat und Montage werden zum Selbstkommentar und Programm; Jens kennzeichnet sich hier als einen
Autor, dessen Material nicht primär die Realität
ist, sondern jener mythische und literarische Stoff,
den das Füllhorn der antiken Überlieferung im
Überfluß bereithält und zur künstlerischen Umwandlung freigibt (also buchstäblich, um einen
neueren Begriff zu benutzen, zu »intertextueller«
Verfügung stellt). Damit befindet sich der moderne Autor in genauer Opposition zum »Original-
genie«. Die Gefahr solcher prinzipiellen »Zweit-
verwertung« liegt darin, daß Erfahrung durch das
Bildungserlebnis verdrängt wird. Ihr entgegenzuwirken, ist die Funktion des scheinbar bloß ange-
hängten Schlußteils: Jens konfrontiert das Anti-
keerlebnis mit dem konkreten geistigen Dialog
der Gegenwart (etwa in einer Runde mit Hans
Mayer, Peter Huchel und Ernst Bloch).
Der Titel des Reiseberichts ist ein Paradox. Die
Mythen und ihre Götter, so meint Jens, überdau-
ern, sind ›unsterblich‹, weil die Götter »mit jedem
Geschlecht« verworfen werden können, also
»sterblich« sind, und doch »in neuer, verwandel-
ter, menschlicher Gestalt« wieder auferstehen.
Auch hier also der Gedanke, nur Umwandlung

könne dem Mythos Gegenwart erteilen. Daß die Götter keineswegs sakrosankt sind, zeigt der erweiterte Mythos von der Tötung der Meduse durch Perseus; die neue Fassung entdämonisiert die Meduse und läßt die Legitimation für den Mord brüchig werden: Perseus erlag einem Trugbild der Götter. Der *Legende von Pentheus und Teiresias* gibt Jens einen Bezug zur Zeitgeschichte in der Darstellung eines verhängnisvollen Massenrausches; in der *Mykenischen Vision* blendet er in die Geschichte der Ermordung Agamemnons mit den Schlüsselwörtern »Friedland«, »Transport« und »Sibirien« die Assoziation an ganz andere, neue menschliche Leiden ein. Zum allgemeinen Exempel wird ihm die Geschichte des Stadthelden von Nauplia, des Erfinders Palamedes: »mögen die Namen sich ändern, das Modell bleibt gleich: ein Mann des Geistes … verkauft sein Wissen für Geld«.

Den Hinweis auf Galilei, genauer eine Anspielung auf Brechts *Leben des Galilei* spart Jens hier aus. Aber Brecht, dessen Tod noch nicht lange zurückliegt, ist das Hauptthema der Berlin-Notizen. Wie Brecht im *Verhör des Lukullus* den römischen Feldherrn vor ein Totengericht stellt, so läßt Jens in *B. in der Unterwelt* Brecht in der kastalischen Höhle vor einem Totengericht sich verantworten. Daß der Stückeschreiber am Ende des Verhörs willkommen geheißen wird und seinen Platz an der Seite des Euripides erhält, verdankt er der Ähnlichkeit seines »epischen Theaters«, in dem der Zuschauer zum Richter bestellt wird, mit dem Schauspiel des Griechen, verdankt er dem Prozeß- und Tribunalcharakter seiner Stücke. Wie im Dialog *Sophokles und Brecht* muß sich der Kritiker des antiken Theaters schließlich als dessen Schüler erkennen.

Die enormen Unterschiede zwischen antiker und moderner Kunst werden nicht eingeebnet, auch für die Erzählkunst nicht. Mit dem Gemeinplatz, daß das Heldenepos der Griechen nicht mehr zu schreiben ist, hält Jens sich nicht auf. Auch die epischen Versuche, im »Experiment der Simultaneität« die »Vielfalt durch die Vielfalt zu kopieren«, das Epos durch den großen Roman zu ersetzen, seien anachronistisch geworden. »Die Form der Zukunft wird die Kurzform sein, Parabel und Gleichnis, Formel und Deutung; nicht Beschreibung einer Entwicklung, sondern Analyse der Situation.« Als Meister der szenischen Situation gilt ihm Homer. Und es ist nun doch überraschend, mit welcher Vehemenz Jens, als Schriftsteller nach Kafka, das Bild Homers als des »großen Vaters« und »Vorbilds« beschwört. Offensichtlich schreibt hier der – bei aller Sachlichkeit – von seinem Gegenstand hingerissene klassische Philologe dem Erzähler das Maß vor. Und wenn sich Jens in den sechziger Jahren als Romanautor von seinem Publikum verabschiedet, so vielleicht – unbewußt – auch deshalb, weil er selbst sich als Erzähler unter einen zu hohen Anspruch gestellt hatte.

Beschränkt Jens seine schriftstellerische Mitarbeit in den neuen technischen Medien zunächst noch auf das Hörspiel, so wendet er sich am Ende der fünfziger Jahre auch dem Fernsehspiel zu, mit einer Bearbeitung seines Romans *Vergessene Gesichter*. Den Form- und Motivvorrat des Altertums erobert er fürs Fernsehspiel erst, nachdem er einen zeitgeschichtlichen Stoff erprobt hat, den Fall des unzureichend gesühnten Mords an Rosa Luxemburg (*Die rote Rosa,* 1966). Mit dem Spiel *Die Verschwörung* (1969) knüpft er an einen Vorgang der römischen Geschichte an, für den man beim historisch nicht ganz ungebildeten Zuschauer einen ähnlichen Grad von Bekanntheit voraussetzen kann wie beim alten athenischen Publikum für den mythischen Stoff der Dramen: an die Ermordung Caesars. Geschichtskenntnis aber ist nötig, um das Frappierende in Jens' Bruch mit der Überlieferung wahrzunehmen. Angestoßen von einem Gedanken in Suetons Caesar-Biographie, schöpft Jens das Recht der literarischen Fiktion voll aus und läßt Caesar nicht einfach das

Opfer einer Verschwörung, sondern den Beförderer seines eigenen Todes sein, den Mitregisseur der Revolte, die ihn beseitigt. »Caesar *wollte* sterben,« schreibt Jens in der Nachbemerkung; das Stück zeige, wie er »schon bei Lebzeiten seinen Nachruhm fixierte«.

Die filmischen Möglichkeiten werden genutzt; eine zunächst graziöse, bald wilde, schließlich monströse Pantomime nimmt die Ermordung vorweg, dann rollt dieses Finale noch einmal in äußerstem Zeitlupentempo ab – das Fernsehspiel steigert damit Absicht und Wirkung des epischen Theaters: der Ausgang ist dem Publikum bekannt, es kommt jetzt auf das Wie der Entwicklung zum Ende an. Die Stelle der ›klassischen‹ Exposition nimmt eine Informationsszene ein: Caesar erfährt von Caecilius den genauen Plan des Attentats. Er tut nichts, den Mord zu verhindern, fordert aber den Verzicht auf die brutale Abschlachtung und schickt Caecilius mit einem Auftrag zu Brutus; er wünscht, daß die (vorgeblich) »zum Wohl des Volkes verübte Tat«, daß die »Opferzeremonie im Theater« würdig sei. Und nun folgt ein imaginäres Gespräch mit Brutus, bei dem Caesar selbst – in »anderem Ton« – den erdachten Part des Brutus spricht.

Dieser Dialog, unterbrochen durch einige andere Gespräche Caesars, etwa mit seinem Sklaven Servius oder seiner – vergeblich ihn warnenden – Frau Calpurnia, entfaltet den eigentlichen dramatischen Sinnvorgang des Stücks, und der Regisseur des Fernsehspiels, Franz Josef Wild, setzte ihn technisch dadurch überzeugend ins Bild, daß die Kamera jeweils die Position des Brutus einnahm, Caesar also der Kamera wie dem imaginären Partner »ins Auge« schaute und von ihr auch durch den Raum verfolgt wurde, während die Stimme des Caesar-Brutus vom Tonband lief. Das Brutus-Ich Caesars durchschaut den Tyrannen: seine Erfindung einer Revolution, sein berechnendes »Schachspiel« mit den »Köpfen« der Verschwörer: »du spielst mit uns, als ob wir Ameisen wären ... Insekten«. Daß diese Entlarvung ja eine Selbstenthüllung Caesars ist, verstärkt noch den Eindruck der Skrupellosigkeit. Nicht gefeit ist Caesar gegen die Angst, als sich die von ihm selbst mitgeknüpfte Schlinge zuzuziehen beginnt. Aber die Inszenierung hat sich schon verselbständigt, sie verlangt das Finale, das wir kennen und das sich nun noch einmal wiederholt.

Eigentlicher Gegenpol Caesars ist nicht Brutus, nicht die Verschwörergruppe, sondern – wenn auch nur in wenigen Sätzen angedeutet – paradoxerweise Servius, sein Sklave. Servius beobachtet diesen Herrschaftskampf aus der Perspektive von unten, mit den Augen derjenigen, um deren In-

teressen es in diesem Kampf nicht geht. »Bin ich
dir ein guter Herr gewesen?« fragt ihn Caesar.
»Gut schon; aber ein Herr ist ein Herr«, antwor-
tet er. »Ich könnte dir die Freiheit schenken.« –
»Damit sie ein anderer mir wieder nimmt?« Die
Freiheit, die Brutus verspricht, darüber sind sich
Servius und Caesar einig, ist keine Freiheit für
Sklaven. Von »Blutsaugern« und »Parasiten«
spricht am Ende Servius. »Wie tollwütige Tiere
sollen sie einander verschlingen, die Herren!« Das
ist ein anderes revolutionäres Pathos als das der
Verschwörer, eine andere Sprache der Rebellion
auch als die von aufbegehrenden römischen Sklaven der Caesar-Zeit. Hier verzichtet »Sklavensprache« auf die listige Verstellung, auf die
übertreibende Verharmlosung offenkundiger Wi-
dersprüche, auf die subversive Ironie – hier mischt
Jens in die Unmutsäußerung des Sklaven eine
Aggressivität, wie wir sie erst im Kampfvokabular
der Französischen Revolution und der proletari-
schen Bewegung antreffen.

Bertolt Brecht hatte in seinem Romanfragment
Die Geschäfte des Herrn Julius Caesar (Druck des
Gesamtfragments 1957) die historische Gestalt
bereits ›gegen den Strich‹ der Geschichtsschreibung gezeichnet. Ihn interessiert – der Roman
entstand zur Zeit des Hitlerregimes im Exil – an
Caesars Weg zur Herrschaft das Beispiel eines

30

Wegs zur Diktatur, und er versteht die »Geschäfte« Caesars als die durch den neuen Handelskapitalismus des römischen Imperiums ermöglichten kommerziellen Unternehmungen. Aber nicht als den großen Drahtzieher und »Puppenspieler«, wie Jens, sieht er Caesar, sondern gerade umgekehrt als Marionette, als Werkzeug der wirtschaftlich Mächtigen (der »City«). Brecht projiziert seine Theorie des Bündnisses von Wirtschaftsmacht und Faschismus in die Zeit des römischen Imperiums. Jens baut auf der Variante einer Caesar-Biographie ein szenisches Experiment auf, das die große historische Figur und ihren Tod entmythologisiert, Caesar als den Manipulator seines eigenen Ruhms und die Revolution als einen Akt und einen Moment theatralisierter Geschichte darstellt.

Ebenfalls mit einer großen theatralischen Szene, nämlich einer pompösen Trauerfeier und Grabrede für den vorgeblich vom trojanischen Unterhändler ermordeten früheren Oberbefehlshaber Philoktet, mit einer glänzend inszenierten Täuschung des Volkes also endet das Fernsehspiel *Der tödliche Schlag* (Erstsendung 1975). Jens stützt sich, die Vorlage gründlich verändernd, auf Sophokles' Drama *Philoktet*. Wie bei Sophokles wird Odysseus (in der Fernsehinszenierung von Hannes Messemer gespielt, dem Darsteller auch des

Caesar im Spiel *Die Verschwörung*), zum mächtigen Gegenspieler Philoktets, ein Odysseus, der kaum mehr als den Namen gemein hat mit der Figur aus dem *Testament des Odysseus*. Die Polarität der Möglichkeiten, die Jens in der mythischen Figur angelegt sieht (»Antiquierte Antike«), hier wird sie greifbar. Zum Friedensfreund der Erzählung verhält sich der Odysseus des Fernsehspiels wie seine Negation. Er tritt Philoktet, der in einer Art Rollentausch die Position des ersten Odysseus übernimmt, als ein skrupelloser Machtpolitiker entgegen, dem es um den bedingungslosen Sieg über Troja geht. Das ökonomische Interesse der politisch Handelnden, das Brecht in seinem Caesar-Roman schon durch den Titel signalisiert, wird auch bei Jens zur wichtigen Motivation. Nicht um Helena zurückzuholen, sei der Krieg begonnen worden, sondern um Erzgruben und neue Märkte zu erobern, erklärt Philoktet dem patriotisch-gläubigen jungen Soldaten Neoptolemos, dem Sohn des Achilleus. Das ideologiekritische Moment ist unüberhörbar, der moderne Zug in der Gestalt unübersehbar.

Jens, immer auch Kommentator seiner Texte, hat im Nachwort zum Fernsehspiel begründet, warum er für seine Absicht, »die Manipulierbarkeit des Intellektuellen« und die Auslieferung des Wissens an die Falschen zu veranschaulichen, nicht

Beispielfiguren wie Einstein oder Oppenheimer wählte: um eine »plakative Darstellung von zeitgeschichtlichen Vorgängen« zu vermeiden. Unausdrücklich hingewiesen wird damit auf den Gleichnischarakter des Spielgeschehens. Die zur Parabel verwandelte mythische Geschichte als Gegenstück zum Dokumentartheater! Als Parabelspiel aber verträgt *Der tödliche Schlag* keine minutiöse Übertragung des Gleichnisgeschehens auf zeitgeschichtliche Vorgänge, wie auch die Personen keine bloßen Schlüsselfiguren sind – nur im ganzen darf *Der tödliche Schlag* als Parabelspiel genommen werden.

Philoktet will den Krieg »ausrotten«, bevor es zu spät ist. Er hat zwar einen Plan, den »großen Schlag« zu führen, nämlich Troja durch eine heimliche nächtliche Überrumplung zu bezwingen, aber er sieht den Krieg als die »absolute Negation« und will deshalb mit dem Trojaner Chalkides über einen ehrenvollen Abzug der Griechen verhandeln. Alles dies offenbart er Odysseus, der gekommen ist, für die Verbannung Philoktets nach Lemnos im Namen des Heeres und für sich – denn er selbst hatte Philoktet auf der einsamen Insel ausgesetzt – um Verzeihung zu bitten. Die Vertrauensseligkeit wird Philoktet zum Verhängnis. Odysseus, durch den Plan des »großen Schlags« auf die Idee des »hölzernen

Pferdes« gebracht, triumphiert mit einer hinterhältigen List: Philoktet wird ermordet und die Tat dem trojanischen Abgesandten untergeschoben. Der Krieg geht weiter bis zum Fall Trojas. Gegen den lügenhaften Pomp der Trauerfeier aber führt die jämmerliche Gestalt des von Sinnen gekommenen Neoptolemos, des einzigen Überlebenden aus der Besatzung des hölzernen Pferdes, den eindringlichen Gegenbeweis.

Es ist mangelnder Realitätssinn, der Philoktet der Machtintrige des Odysseus ausliefert, andererseits ein hoher Grad an Einsicht, mit dem der fatale Kreislauf einer von Kriegen gesteuerten Geschichte erkannt wird, auch wenn Philoktet insgeheim noch »ein von der Macht Faszinierter« bleibt. Was der Gesprächsverlauf, die Dialogdramatik des an Bühnenaktion armen Fernsehspiels demonstriert, ist Arglosigkeit der guten Gesinnung, politische Blindheit eines höchst ehrenwerten politischen Engagements. Und so zeigt das Stück – ob in solcher Konsequenz von Jens beabsichtigt oder nicht – mit dem Scheitern Philoktets die Gefahren eines moralisch überzeugenden, aber kontraproduktiven Friedenswillens.

Vielleicht hätte Jens der Formel vom »tödlichen Schlag« ihren gleichnishaften Sinn belassen sollen. Er gibt aber einen Hinweis zur Entschlüsselung. Im ersten Gespräch mit Odysseus berichtet

34

Philoktet von einem Fiebertraum, in dem der Gedanke an den »tödlichen Schlag« gegen Troja in die Vision einer »totalen Vernichtung« der Erde übergeht: »Und dann die Explosion! Angestaut und hinaus! Ein Fieberrausch, Odysseus, aber taghell! … So sehen Leuchtspuren aus, auf ihren Bahnen in den eisigen Zonen des Weltraums, Spiralen und Nebel.« Es bleibt indessen bei dieser Assoziation zur nuklearen Katastrophe; keinesfalls wird das Stück mit aktualisierenden Anspielungen überbürdet.

Krieg und Frieden

Weder bringt Jens aus seiner Praxis als Übersetzer griechischer Dramen Vorurteile gegen die Fernsehdramaturgie mit, noch entfremdet seine Tätigkeit für das Fernsehen ihn dem Theater. Mit einer Übersetzung der *Antigone* von Sophokles debütiert er 1958; weitere (zum Teil freie) Übersetzungen von Stücken des Sophokles und des Aischylos folgen. Zwei in den achtziger Jahren aufgeführte freie Bearbeitungen haben den Rang exemplarischer Versuche, zwischen dem antiken Drama und dem Theater der Gegenwart zu vermitteln: *Der Untergang. Nach den Troerinnen des*

Euripides (1982) und *Die Friedensfrau. Nach der Lysistrate des Aristophanes* (1986).

Die utopische Linie in Jens' Varianten antiker Stoffe erreicht einen Konzentrationspunkt in der Bearbeitung der aristophanischen Komödie. Für Aristophanes' Haltung zur Utopie ist seine *Lysistrate* (411 v. Chr.) nicht gerade typisch. Sein Normenbewußtsein war nicht auf einen künftigen idealen Staat, sondern nach rückwärts auf die alte Religions- und Sittenordnung gerichtet; er sah Athen auf dem Weg des Abstiegs in die Degeneration. Seiner konservativen Weltsicht war utopisches Denken eher verdächtig, nämlich als gefährliche Neuerungssucht. So wird die Utopie zum Gegenstand der Satire – in den *Ornithes* (*Die Vögel*, 414 v. Chr.) mit dem neuen Staat im Luftreich, Nephelokokkygia (Wolkenkuckucksheim), in dem die neue Gesellschaft bald von den Fehlern der alten infiziert ist, im Spätwerk *Ekklesiazusai* (*Die Weibervolksversammlung*, 392 v. Chr.) mit dem weiblichen Stadtregiment, also der Frauenherrschaft, die den entmachteten Männern nur noch ein Drohnendasein zugesteht und rasch an der menschlichen Unvollkommenheit komisch zu Fall kommt. Dieser satirische Rundschlag in einem Spätwerk trifft auch das utopische Modell einer allgemeinen menschlichen Lebens- und Gütergemeinschaft, wie es bald darauf in Platons

Politeia seine philosophische Formulierung findet, aber er läßt nicht vergessen, daß Aristophanes' Utopismus-Verdacht dort Halt machte, wo ein so wichtiges Gut der menschlichen Gemeinschaft wie der Friede auf dem Spiel steht. Das zeigt sich schon im ersten erhaltenen Stück, *Acharnes* (*Die Acharner*, 425 v. Chr.). Ein Friedens-Festspiel gar ist der zweite Teil von *Eirene* (*Der Frieden*, 421 v. Chri.), wo es freilich noch des Apparats der phantastischen Komödie bedarf, den Frieden (die Friedensgöttin) vom Olymp zu holen.

In die Hände der Menschen selbst gelegt ist die Erringung des Friedens in *Lysistrate*. Hier bleibt der utopische Entwurf von der Satire unbehelligt, ohne daß auf Komik verzichtet werden muß. Der Bruch mit der Norm ehelichen Lebens, die sexuelle Verweigerung, durch die Lysistrate und die Frauen eines vom Krieg zerrütteten Landes die Männer zur Vernunft bringen wollen, bringt komische Situationen hervor: das drohende Schwachwerden der Frauen, die raffinierten weiblichen Hinhaltemanöver (vor allem der Myrrhine) und das Leerlaufen der männlichen Begierde (zumal bei Kinesias). Die Übereinkunft der Frauen verlangt etwas Widernatürliches, doch steht die Verletzung des Naturgebots im Dienst eines höheren Gebots. Und als die Solidarität der Frauen den Frieden herbeigezwungen hat, wird das utopische Modell nicht etwa durch Zweifel in die Haltbarkeit des erkämpften Friedens in Frage gestellt, sondern im Versöhnungsfest, im fröhlich-optimistischen Schluß ausdrücklich ratifiziert.

Den Titel seiner Bearbeitung hat Jens, wie das Motto verrät, Herders *Briefen zur Beförderung der Humanität* entlehnt (»Meine Friedensfrau hat nur einen Namen, sie heißt allgemeine Billigkeit, Menschlichkeit, tätige Vernunft«). Doch rechtfertigt den Titel durchaus die Rolle der Hauptfigur. Jens verdeutlicht den Modellcharakter der Utopie und seine Wirkungsintention durch einen Zusatz am Ende der Komödie, durch Lysistrates Wendung ans Publikum:

»Ihr aber, liebe Freunde,
Wollt besorgt sein,
Daß der Wunschtraum dieses kecken Stücks,
Versöhnung, Frieden und Geselligkeit
– Und Freundschaft zwischen jedermann! –
Nicht nur Theatermärchen bleibt.«

So wird der Appell, den das Stück aus sich entläßt, von der Bühne über die Rampe getragen. Erst in der Realität, im Handeln der Menschen, erlebt das Stück sein wahres Finale. Utopie will Wirklichkeit werden, kein bloßes Theaterspiel bleiben.

Damit aber der »Wunschtraum« nicht schon für die Realität selbst gehalten wird, muß er als Spiel durchschaubar sein, als Spiel immer wieder bewußt gemacht werden. So sorgen Adressen ans Publikum für Desillusionierungseffekte; die Aufführung gibt sich als Theaterprodukt zu erkennen (der liebestolle Kinesias ruft den Inspizienten und reicht ihm das lästig gewordene Kind).

Das Stück ist unserer Dramen- und Bühnenform angenähert. Chorpartien entfallen, Szenen werden zusammengezogen. Die Frauen sind in der Bearbeitung weniger wankelmütig, in ihrer Solidarität gefestigter. Was dadurch an komischer Spannung in den Figuren verlorengehen mag, wird durch ein reicheres Repertoire akustischer und mimischer Elemente aufgewogen. Lysistrate äfft in einer kleinen Soloszene die mit Ausflüchten anrückenden Frauen nach; weiter ausgebaut ist Myrrhines Verzögerungsspiel, andererseits wird sie stärker als Mutter geprüft, was die Figur vielschichtiger erscheinen läßt. Die burlesken Züge des Kinesias verstärken sich und schlagen um in einen Grotesktanz, der die Verspottungsszene zuspitzt, aber dann auch Kinesias' Umkehr auffälliger macht: er geht in die Volksversammlung und wird – als ein zweiter Demosthenes – eine Friedens-, Armen- und Frauenrede halten.

Begrenzt bleiben auch in der *Friedensfrau* die

Anachronismen. Die Regieanweisungen für die Festmusik – »Marschrhythmen, elegant und schmissig zugleich«, später »Walzermusik« – kommen dem Regisseur entgegen, der dem Stück auf der Bühne Gegenwärtigkeit zu verleihen hat. Komik und Spieltempo geben dem Friedensthema eine solche Evidenz, daß sich platte Modernismen erübrigen (Kanonen und Panzer müssen auf der Bühne nicht abgewrackt werden). Farbiger noch als Aristophanes hat Jens die Freuden des Friedens ausgemalt; und im großen Reigen des Finales, im Tanz der Paare darf sich auch der »Mann, wenn er ihn liebt, zum Mann« gesellen.

Für die Schauspielerin Ida Ehre, die Prinzipalin der Hamburger Kammerspiele, der Jens durch viele Jahre gemeinsamer Arbeit freundschaftlich verbunden war, schrieb er einen Prolog, der die Darstellung der Lysistrate durch eine »Ältere« rechtfertigt, durch eine »Dame, die zu überzeugen weiß/Und Menschenkenntnis, Weisheit und Geduld vereint«. Ida Ehre gewidmet ist die freie Bearbeitung der *Troerinnen* des Euripides.

Auch in dieser Neudichtung nimmt Jens auf die Schwierigkeiten Rücksicht, die das heutige Theater, sucht es nicht Zuflucht bei starker Stilisierung, mit dem Chor des antiken Dramas hat: er beschneidet die Rolle des Chors, löst ihn in Gruppen auf oder verteilt den Text auf mehrere Ein-

40

zelfiguren, ohne aber den Chor durch Individualisierung aufzuheben. Gestrichen ist die Figur der Göttin Athena, die im Original ihre Rache an den Griechen, den Schändern ihres Heiligtums, ankündigt und sich dafür die Hilfe Poseidons sichert. Die Anklage gegen Mord, Plünderung und Tempelschändung bleibt nun Poseidon vorbehalten, der zu Anfang, vor dem Hintergrund der rauchenden und fast ganz zerstörten Stadt Troja, hoch oben im Strahlenglanz erscheint; ihm auch ist die Schlußrede übertragen, ein von Jens hinzugedichteter Epilog, in dem ebenjene unheil- und leidvolle Heimfahrt der Griechen vorhergesagt wird, die am Anfang des euripideischen Dramas von den Göttern Athena und Poseidon beschlossen wird. Jens legt so mit den Reden Poseidons den Zusammenhang von Schuld und Vergeltung wie eine Klammer um das Stück und öffnet durch die Prophezeiung des Gottes die dramatische Handlung zu einer grauenvollen Zukunft hin. Sinnfällig wird paradoxerweise in dieser Offenheit des Dramas gerade die Unmöglichkeit, aus einem selbstverschuldeten Kreislauf des Leidens auszubrechen.

Die Tragödie entwickelt sich als eine Folge von Klageszenen der Troerinnen, der gefangenen Frauen, die verschleppt und griechischen Männern überlassen werden sollen. Den schlimmsten

Plan, den eines Präventivmords, hat Odysseus ersonnen: Astyanax, Sohn Hektors und Andromaches, soll, weil er später für Griechenland gefährlich werden könnte, von Trojas Mauer gestürzt werden. Wie im Original tritt auch in der Bearbeitung Odysseus selbst nicht auf. Aber er erhält bei der Ausführung des Befehls, der Mutter das Kind zu nehmen, auf der Bühne eine beklemmende Gegenwärtigkeit.

»Das ist kein Mensch!
Kein Tier!
Kein Stein!
Das ist ein Ungeheuer,
das aus Höllenschlünden
zu uns aufgestiegen ist.«

Jens hat Euripides' Charakterisierung der Figur zugespitzt, verschärft, so daß die zynische Bestialität des Odysseus aus dem Fernsehspiel *Der tödliche Schlag* noch einmal überboten ist. Er hat die Klageszene Andromaches dramatisiert: die Mutter leistet kämpferischen Widerstand und läßt sich das Kind nicht entreißen, sie wird schließlich »mit Gewalt weggeschleift«. Erkennbar ist das Prinzip der Bearbeitung, die Rolle der bloß klagenden, duldenden Frau aufzubrechen. So fügt sich Andromache auch nicht in das Geschick einer Sklavin; während sie in Euripides' Drama dem Sohn des Achill folgt, dem sie zugesprochen ist, springt sie in der Bearbeitung mit ihrem Kind von der Mauer in den Tod. Jens gibt so in der Troerinnen-Tragödie der individuellen Tragödie Andromaches ein stärkeres Profil. Ähnliches gilt für Hekabe, die unglückliche Königin von Troja, die Odysseus für sich gefordert hat. Entschlossen, sich in die Flammen des brennenden Troja zu stürzen, wird sie im Original zurückgehalten; Jens' Umdichtung dagegen läßt sie im Feuer verschwinden.

Der Zug zur klareren Modellierung der Einzelfiguren wird auch im Falle Helenas sichtbar, aber hier mit einem auffällig negativen Akzent. Man tut gut daran, sich des Helena-Bildes in der Erzählung *Das Testament des Odysseus* zu erinnern, wo die schöne »Puppe« ein verhängnisvolles Spiel treibt und zur Gegnerin des friedfertigen Odysseus wird. In Jens' *Untergang* beginnt die Gefangene, der von ihrem früheren Gatten Menelaos eine harte Strafe zugedacht ist, schon wieder ihr schlaues und verführerisches Spiel. Sie posiert als die Retterin Griechenlands, schiebt die Schuld für den Ehebruch mit Paris auf den Befehl der Göttin Aphrodite, deren »Lieblingskind« und zugleich »Opfertier« sie sei. Hekabe entlarvt die unverfrorene Entschuldigung – in einem unverkennbar

modernen ideologiekritischen Ton – als Schutz-
behauptung:

»Du warst geil auf ihn,
du, die ›den Verstand verliern‹
mit ›Aphrodite‹ übersetzt
und jeden Liebesakt für einen Gottesdienst
erklärst:
Wenn es dir kommt, dann betest du!
Welch eine Unverschämtheit, so zu reden
und ›Begierde‹ ›Aphrodites Werk‹ zu nennen:
Komm, laß die Götter aus dem Spiel,
und schrei nicht, wo du ›Fleisch‹ meinst,
›Griechenland‹.«

Hekabe besteht auf der individuellen Verantwortung – in Jens' Fassung in einer weitaus konkre-
teren Form, als sie bei Euripides denkbar wäre –
und fordert Menelaos zu höchster Wachsamkeit
und Vorsicht auf. Aber Helena läßt schon nach
ihrer Verteidigungsrede ihre ganze sinnliche
Macht spüren, indem sie sich triumphierend das
Kleid aufreißt. Im übrigen ist bei Jens die Warn-
rede Hekabes an Menelaos, vor dem Erscheinen
Helenas, zugleich schon Prophezeiung, Eingeständnis, daß der Sieg Helenas unabwendbar sein
wird:

»Tu was du willst –
sie bleibt die Stärkere.
Denn sie ist schön
und alterslos.
Und du – du wirst ihr so verfallen sein
– so gierig, ihren Körper zu besitzen –,
wie du's früher warst,
und mehr noch,
viel, viel mehr.«

Prophetin der katastrophalen Heimfahrt des
Odysseus und ihrer eigenen furchtbaren Rache
für den Tod der Brüder, Prophetin der Vernichtung von Agamemnons Haus und seiner »Atreus-
Sippschaft« ist Kassandra, die Seherin. Jens erinnert an den Unheilsspruch noch einmal, indem er
über dem Schlußbild des brennenden Troja
»Kassandras Schattenbild« aufleuchten läßt; er
reißt das Tragödienende in ein allgemeines Un-
tergangschaos hinein, zu dem drei an den Fall
Jerichos gemahnende Trompetenstöße die aku-
stischen Signale geben. Und Poseidon zieht das
Fazit:

»Ihr Narren! Menschen, die ihr glaubt,
man könnte Städte niederbrennen
und aus Gräbern Wüsten machen
ohne selbst zugrund zu gehn.«

Die Gewißheit, mit der Euripides am Ende Hekabe das Schiff besteigen läßt, ist die Erwartung von Knechtschaft und Tod in Griechenland. Jens trennt am Schluß Griechen und Troer (Troerinnen) nicht mehr: der Krieg läßt auch den Sieger zum Verlierer werden.

Den Schrecken noch konkreter, noch bedrängender zu machen, darauf ist die Dramaturgie der Umdichtung angelegt. Im Aufsatz »Verkleidete Götter. Antikes und modernes Drama« besteht Jens darauf, daß die Furcht (Phobos) »auch das Grundelement des Dramas unserer Zeit« sei. Man muß sich nicht in die endlose Diskussion um die aristotelische Katharsis-Lehre und den Phobos-Begriff einlassen, um zu sehen, daß Jens die Wirkungsintention der Furcht, des Schreckens und des Schauders in seiner Bearbeitung für unsere Bühne zu erhalten, ja zu intensivieren wünscht. Deshalb die härteren oder konsequenteren tragischen Lösungen für Einzelfiguren, deshalb die ständigen Ankündigungen künftigen Unheils und die Vorgriffe solcher Zukunft ins Drama hinein, zumal am Ende. Wird in der *Lysistrate*-Bearbeitung, in der Utopie des Schlusses, das versöhnliche Element, die Friedensfreude, verstärkt, so in der *Troerinnen*-Umdichtung der Schrecken, weil er als ein auch nach dem Dramenschluß andauernder, weil der

Krieg als ein sich fortsetzendes Unheil gezeigt wird.

So drückt das Leitthema von Jens' produktiver Aneignung und Verwandlung antiker Stoffe und Vorlagen, das Thema »Krieg und Frieden«, auch diesen beiden Bearbeitungen sein Siegel auf. An den Friedenswillen appelliert die Komödie von Jens, an die Ächtung des Kriegs die Tragödie *Der Untergang*.

Die bisher letzten Kommentare zur schöpferischen Verwandlung des literarisch Überlieferten finden sich in Jens' Essayband *Mythen der Dichter. Modelle und Variationen* (1993). Zum Diskurs über die Odysseus-Gestalt treten drei weitere, *Antigone und Elektra: Aufstand gegen das ›verteufelt Humane‹, Don Juan: Dämon und Schwerenöter* und *Hamlet: Das Genie der Poeten,* zu den antiken Modellen also zwei neuzeitliche. Auf die Perspektive der Humanität, unter die zum Schluß die Odysseus-Gestalt rückt, führt Jens auch die Überlieferungs- und Verwandlungsgeschichte dreier weiblicher Figuren des antiken Dramas hin. Was für ihn über alle elementaren Unterschiede hinweg Antigone, Elektra und Lysistrate verbindet, ist das »Einklagen, in der Vielfalt der Reden, von verweigerter Mitmenschlichkeit«.

Die Don Juan-Gestalt verfolgt Jens bis zu Max Frischs Komödie *Don Juan oder Die Liebe zur*

Geometrie und denkt sie sich weiter als ein Modell im »Zeitalter der Emanzipation«, als einen fulminanten »Stoff für eine Schriftstellerin«. In die unendliche Reihe derer, die sich von Hamlet, der »schillerndsten« und »variationsträchtigsten« der Mythenfiguren, haben »hinreißen lassen«, gehören auch Wolfgang Hildesheimer und Jens selbst. Hildesheimers Roman über Hamlet als den ersten »Aussteiger« der Weltliteratur ist Torso geblieben. Und Jens beendete mit dem Roman *Herr Meister,* in dem Hamlet, der »melancholische Dialektiker und Großmeister der Ironie«, als eines der möglichen Figuren-Konzepte auftaucht, seine Experimente mit der Gattung des Romans.

Der frühe Abschied
vom Roman

Totalitarismusmodell
und Welt des Spiels

In der »Silvesterbibliothek« des Norddeutschen
Rundfunks (3. Programm) vom 31. 12. 1968
besprach Wolfgang Hildesheimer, der Freund,
einen angeblich gerade erschienenen Roman von
Walter Jens mit dem Titel *Erasmus*. Das neue
Werk, »in gewissem Sinne« ein »Entwicklungsro-
man«, hat zum Helden einen Studenten der Philologie »aus bergischem Pastorenhaus«. Wer als
gebildeter Hörer an den Titel die Erwartung
knüpfte, daß der Roman die »Sendung des großen Humanisten« neu formuliere, fand sich rasch
auf falscher Fährte. Jens führt seinen Helden
durch einen »Sumpf der Ausschweifungen«.
Denn Erasmus gerät in die Hände einer »perver-
sen nymphomanischen Dozentin der Rhetorik
aus Gundelfingen«, die ihn »in die Geheimnisse
abwegiger erotischer Praktiken einweiht«. Von
der Universität gewiesen, erweitern beide in Gundelfingen, in Orgien zu viert, noch einmal ihr
»Register anomaler Laster«. Der Rezensent

49

rühmt die Fähigkeit des Autors, »das Ungeheuerliche sprachlich zu sublimieren« und Klassisches auch »in Momenten letzter körperlicher Hingabe« zu zitieren. Die Nähe zur Prosa des Marquis de Sade verhindere die Katharsis, die von den Geschöpfen nicht gewollte Erlösung; zum Selbstzweck werde – in kühnem Hinwegfegen eines Tabus – das Obszöne. Der Rezensent sieht in diesem Roman sogar den »göttlichen Marquis« übertroffen.

Hildesheimers satirischer Text meidet den geradlinigen Weg der gewöhnlichen Parodie, die markante Züge des Originals übersteigert; er läßt im Rahmen von Anspielungen auf Bekanntes, Vertrautes eine – im Sinne des alten satirischen Musters – »verkehrte Welt« entstehen, hier einen Roman, der die literarische Praxis des Autors Jens auf den Kopf stellt. Denn wenn die rühmende Entschuldigung der Rezension lautet, daß nun auch Jens einer von denen sei, »die auf der Sexwelle reiten«, sie aber »meistert« wie kein anderer, so bezeichnet sie just jenes Feld, auf dem Jens am allerwenigsten sein Meisterstück abzulegen wünschte. Doch steckt in aller Satire, selbst der freundschaftlichen, ein Moment kritischer Enthüllung. Hildesheimer vermißt wohl in der Literatur des Freundes, was er dem fiktiven Roman und seinen Figuren so emphatisch andichtet: die »sinnlichen Sensationen«.

Dieses eingeschränkte Interesse am starken sinnlichen Ausdruck und Umriß entspricht Jens' programmatischem Plädoyer für die »Kurzform«, für »Parabel und Gleichnis, Formel und Deutung« im Tagebuch *Die Götter sind sterblich*. Parabelhafte Literatur kommt nie ohne ein gewisses Maß an Abstraktion aus. Und wie in den Fernsehspielen *Die Verschwörung* und *Der tödliche Schlag*, deren eigentliche dramatische Handlung vom Argumentationsgang der Dialoge entfaltet wird, so offenbart sich auch in erzählerischen Werken eine Tendenz zum Denkspiel.

In der allerersten, noch unter dem Pseudonym Walter Freiburger herausgebrachten literarischen Veröffentlichung, der Erzählung *Das weiße Taschentuch* (1947), hat Jens um das Motiv der weißen Fahne, die zum Zeichen der Kapitulation oder der Desertion geschwenkt wird, ein knappes, nur angedeutetes gleichnishaftes Geschehen erdacht. Das Fiktive, ja Konstruierte der Parabelhandlung ist schon im ersten Satz signalisiert: »Nennen wir ihn O.« Man mag hier Anspielungen auf Kleists *Marquise von O.* und Goethes *Wahlverwandtschaften* (»Eduard – so nennen wir einen reichen Baron im besten Mannesalter«) mithören, entscheidender für die Selbstkundgabe der Fiktionalität des Textes ist die penible Erörterung der Frage, warum mit dem Vokal O. die angemessenste Namensabkürzung für die Figur des Erzählers gefunden worden sei. Der Anfang dieser kleinen Geschichte enthält mit dem starken Moment erzählerischer Selbstreflexion die Poetik von Jens' späterer Erzählkunst bereits in nuce.

Im übrigen aber wäre es unfair, von dieser Anfängeretüde allgemein auf den Erzähler Jens zu schließen. Die Parabel kommt hier noch linkisch daher. Ein Student entdeckt plötzlich den Grund für das Verbot weißer Taschentücher im Gefängnis: sie würden die Rückkehr in ein »zivilmäßiges« Leben anzeigen. Das Gefängnis seinerseits ist Bild für militärische Unterordnung und die Unterdrückung durch eine schlechthin böse Macht (die hier vom Teufel selbst, von »IHM«, verkörpert wird). Als künstlerische Auseinandersetzung mit der Diktatur und dem Krieg Adolf Hitlers und dem Mitläufertum der Verführten wirkt diese gleichnishafte Erzählung, mit ihrer manchmal auf Stelzen gehenden Sprache und ihrer gesuchten Traumsymbolik, allzu geschraubt. Und es war dem Autor nicht zu verdenken, daß er dieser literarischen Frühgeburt den eigenen Namen verweigerte (erst die Ausgabe von 1988 in der Radius-Bibliothek weist Jens als Autor aus).

Doch erprobt Jens in dieser kurzen Erzählung mit

dem Gefängnismotiv schon das Thema des drei Jahre später (1968 in einer überarbeiteten Fassung) erschienenen Romans *Nein. Die Welt der Angeklagten,* wo das Haft-Gleichnis zum Grundmuster eines utopischen Staats- und Weltmodells wird. Die Menschheit, von einer einzigen Weltregierung beherrscht, besteht aus drei uniformen Gruppen. Den Grundstock bilden die »Angeklagten«, die der Folter ausgesetzt sind und weiteren Mißhandlungen nur durch die Denunziation anderer entgehen, so daß sie in die zweite Klasse der »Zeugen« aufrücken, über der sich die Gruppe der »Richter« erhebt. An der Spitze des für alle Klassen undurchsichtigen Systems von Abhängigkeiten steht ein Rat der Fünf und darüber ein oberster Richter, der allein das letzte Geheimnis des Machtmechanismus kennt.

Dieser oberste Richter hat als seinen Nachfolger den Verfasser einer Nero-Biographie, den Privatdozenten Walter Sturm, vorgesehen und damit ausgerechnet den einzigen Menschen, der sich noch Individualität bewahren konnte. Alle Stufen des Funktionssystems muß Sturm durchlaufen, ehe er vom obersten Richter vor die Entscheidung gestellt wird, entweder seine Nachfolge anzutreten oder sofort hingerichtet zu werden. Die gewährte Bedenkzeit ändert nichts an Sturms Entschluß, sich dem obersten Amt eines mörderischen Staats zu versagen. Sein »Nein!« ist zugleich sein eigener Todesspruch. Der Schluß des Romans blendet sich in die Monotonie eines dreißig Jahre später liegenden Tages ein, in die Gleichförmigkeit einer roboterhaften Fabrikarbeit und eines normierten Lebensablaufs. Der Begriff des Menschen ist solcher Welt abhanden gekommen.

Die Erzählsprache hat in diesem Roman allen semipoetischen Ballast abgeworfen. Am kargen und unterkühlten Gesprächsstil Hemingways geschult ist der staccatohafte Dialog. Als Großparabel stellt sich der Roman in die Nähe Kafkaschen Erzählens, mit dem Motivkomplex des Gerichts zumal in die Nähe von Kafkas *Prozeß*. Aber die durchkonstruierte negative Utopie, das klare Warnmodell dieser Utopie führt von Kafka weit weg und weist auf eine Wahlverwandtschaft zu Werken, die Jens zur Zeit der Arbeit am Roman noch nicht kannte: zu Huxleys *Brave New World*, Koestlers *Darkness at Noon (Sonnenfinsternis)* und Orwells *1984*. Daß hier der Roman eines jungen deutschen Autors zur europäischen Warnliteratur aufschloß, bezeugt sein internationaler Erfolg. In den nächsten Jahren in mehrere Sprachen übersetzt, findet er das stärkste ausländische Echo in Frankreich, wo eine Theaterfassung (von Emile Favre) sogar mit dem Preis der »Amis de la liberté« ausgezeichnet wurde.

Tatsächlich ist das Nein des Angeklagten Walter Sturm das entschiedenste Ja zur Idee der Freiheit. Zwar macht Jens seinen Helden zum Blutzeugen dieser Freiheit (die immer nur die Freiheit der einzelnen sein kann), aber er gibt dennoch das distanzierte, Befunde vermittelnde Erzählen nicht zugunsten des Pathos einer Märtyrergeschichte auf. Er läßt die Hinrichtung des letzten ungebeugten Individuums mit einer Lautlosigkeit und in einer Verborgenheit vor sich gehen, wie sie für totalitäre Regime kennzeichnend sind. Da Jens seinen Roman nicht nur als Parabel auf eine Radikalform des faschistischen Systems, eines Gestapo-Weltstaats sozusagen, sondern als ein Modell des Totalitarismus überhaupt entworfen hat, wird das Werk so bald nicht veralten. Beim Wiederlesen des Romans in den frühen neunziger Jahren erweist sich die *Welt der Angeklagten* als erschreckend zeitnah. Was die Akten aus den Katakomben des Staatssicherheitsdienstes im Regime Ulbrichts, Honeckers und Mielkes freigeben, ist das monströse Bild eines Überwachungs-, Bespitzelungs- und Denunziationssystems, das einer Unzahl von Menschen zur Schlinge wurde und das in den (mit Kategorien des Romans gesprochen) Klassen der »Angeklagten« und der

»Zeugen« oft die Opfer und die Werkzeuge un-
unterscheidbar machte.

Äußert und verbirgt sich im Roman *Nein. Die
Welt der Angeklagten* jener Grundzug des Denk-
spiels, der jedem utopischen Modell eigen ist, im
Aufbau einer fast kriminalistisch spannenden
Handlung, so schafft sich in der Erzählung *Der
Blinde* (1951) das Denkspiel eine Ding-Allegorie
in dem Baukasten, mit dessen Steinen ein Blinder
spielt. Das Erzählgeschehen konzentriert sich auf
einen Novembertag, an dem der Volksschullehrer
Mittenhaufen in der Klinik erfährt, daß seine
Scharlacherkrankung ihm für immer das Augen-
licht geraubt hat, und auf den Dezembertag, an
dem der Blinde in seine Wohnung zurückkehrt.
Auch hier ist der Erzähler immun gegen Senti-
mentalität, läßt sich vom Unglück des Helden zu
keiner Rührung bewegen. Genau protokolliert
werden die Anstrengungen des Blinden, den Verlust der Sehfähigkeit durch die Schärfung anderer
Sinne, vor allem des Gehörs, auszugleichen.
Ungeklärt bleibt bis zum Schluß die Symbolik des
Baukastenspiels. Zunächst dient es als Kompen-
sationsmittel: die Steine bedeuten dem Blinden
Häuser, Straßen und andere Bestandteile der
Wirklichkeit. In diese Markierungen hinein denkt
er sich eine Vorstellungswelt, deren Geschehnisse
zwar erfunden, aber teils durch Erinnerungen

gelenkt, teils durch bestimmte Erwartungen dik-
tiert sind. (Im Text ist diese Baukasten-Spielwelt
vom Erzählerbericht abgehoben durch einfache
Anführungszeichen und die Zeitform des Prä-
sens.) Hält das Spiel zunächst mit Hilfe der Ima-
gination den Bezug zur Außenwelt aufrecht, so
verweist am Ende die Erläuterung eines Überlebenden aus dem Konzentrationslager, in dem die
Baukastensteine geschnitzt wurden, auf die Gefahr des Bezugsverlustes: man darf nie alleine
spielen. Und aus der Zukunft des Blinden läßt
sich das Spiel sogar wegdenken: das Leben mit
seiner Frau und den Kindern wird die erzwunge-
ne Absonderung beenden und den Baukasten
überflüssig machen.

Für den heutigen Leser hat Jens die Symbolik
überbürdet durch den Versuch, die Parabel von
der Isolation und der Vereinzelung und deren
Überwindung von den Erlebnissen jüdischer KZ-
Häftlinge her anzureichern. Nicht auf gleiche
Weise gewogen werden können der – wie immer
auch schmerzhafte – Weltverlust eines Erblinden-
den und der Welt-, Freiheits- und Hoffnungsver-
lust des Gewaltopfers. So trägt die Erzählung *Der
Blinde* deutlich den Stempel ihrer Entstehungssi-
tuation, einer Zeit, in der die verstörenden Nachrichten von der Massenvernichtung der Juden
Gehör erheischten – einer Zeit aber auch, in der

sich die Mehrheit schon wieder im Vergessen übte, so daß sich im Rückblick der Autor einer gewissen Übersollerfüllung nicht zu schämen braucht.

Im Werk des Erzählers Jens bildet der 1952 veröffentlichte Roman *Vergessene Gesichter* eine bedeutende Gelenkstelle. Weiterverfolgt wird das Spiel-Motiv, aber nun in seiner ästhetischen Form, und zwar einer Form, in der das Spiel sogar zum Signum der künstlerischen Existenz werden kann: *Vergessene Gesichter* ist ein Schauspielerroman. Drehpunkt zu den beiden nächsten (und bisher letzten) Romanen von Jens wird *Vergessene Gesichter* durch die entschlossene Wendung zu einer Kunst, in der Kunst selbst sich reflektiert und selbst sich problematisch wird. In der »Gruppe 47« ohnehin kein Vertreter der sogenannten »Trümmerliteratur«, geht Jens noch entschiedener in Abstand zum Ehrgeiz von Erzählern, die er »Veristen« nennt und deren handwerkliche Solidität er durchaus anerkennt. Geradezu »aus der Zeit« fallen die Figuren seines Romans.

In der Maison Savarin, einer verfallenden einsamen Schloßvilla in Südfrankreich, die seit 200 Jahren eine Stiftung für betagte Schauspieler beherbergt, verbringen zehn Künstler und Künstlerinnen die Frist zwischen dem Abgang von der Bühne und dem Abgang aus dem Leben mit der

Wiederbeschwörung ihrer Theatererfolge und der Pflege von Illusionen. Daß eine englische Fernsehspiel-Fassung (gesendet 1959) ganze Teile des Textes einfach übernahm, kann nicht überraschen: es bot sich vom Dialogcharakter und von der überwiegend szenischen Form des Romans her an. Zwar ist der Erzähler in keine bloße Nebenrolle abgedrängt – er vermittelt wichtige Informationen aus der Vergangenheit der Schauspieler und verknüpft die Szenen –, doch hält er sich sehr zurück mit wertenden oder gar ironischen Kommentaren. Jens legt die Dialogführung auf unfreiwillige Selbstenthüllung der Personen an und überläßt es so dem Leser, sich selbst in ein kritisches Verhältnis zur Haltung der Schauspieler zu setzen.

Das berufsmäßige Rollenspiel und die notorische Ichbezogenheit der Künstler haben zur Realitätsblindheit geführt (im übertragenen Sinne nimmt Jens also auch das Blindenmotiv des vorhergehenden Romans wieder auf). Der Blick für die frühere Leistung der Kollegen und Mitbewohner trübt sich mit zunehmender Selbsttäuschung über die eigene Einzigartigkeit. Anachronistisch geworden sind das ästhetische Programm und die Fiktion, daß der Schauspieler die dramatische Figur – etwa den Hamlet – nicht zu spielen, daß er sie zu sein habe. Als Korrektiv wären hier Jens' Essays zum antiken Theater und zum Verfremdungsstil in Brechts »epischem Theater« mitzudenken. Das Abgeschnittensein der Künstler im Altenheim, irgendwo in der französischen Provinz, bringt ihre innere Fremdheit gegenüber der politischen und gesellschaftlichen Wirklichkeit zu äußerer Sinnfälligkeit.

Aber keineswegs entleert Jens die Personen zu bloßen Rollenhülsen. Die hier das Privileg der Adelsstiftung nicht wie ein Almosen, sondern wie ein letztes Engagement wahrnehmen, haben alle vor dem Hintergrund ihrer Vergangenheit und ihrer Erfahrungen menschliche Individualität und Würde. Und gegen die Machenschaften der zuständigen Gemeinde Imère, die das Altenheim in ein gewinnträchtiges Schloßmuseum und -hotel umwandeln möchte, setzt der Erzähler die weltfremden Egozentriker unausgesprochen ins Recht. Die Sympathie des Autors mit seinen Figuren verbirgt sich in dem Zauber der Melancholie, in den er die Welt der alternden Mimen hüllt. (Daß dies das subtile literarische Verfahren eines noch relativ jungen Schriftstellers ist, kann überhaupt kein Einwand sein.) Und seinen tragischen Akzent erhält der Schauspielerroman in der Resignation des Negers Paul Brownett, der den Tod im Feuer sucht, das der Hausverwalter nach der Auflösung des Künstlerasyls gelegt hat, um den Plan der Gemeinde Imère zu vereiteln.

Durchbrochen und aufgehoben ist damit auch das Ritual der letzten Ehrerweisung für einen Sterbenden: die Aufführung eines Stücks aus der Zeit der Gründung des Künstlerheims, des »Spiels von dem Tod und dem kranken Mann«. Wie das Grundthema des Romans, so drängte sich auch das Motiv des Spiels einem Hofmannsthal-Kenner wie Jens auf. Hofmannsthal hatte die aus der Antike und dem Barock vertraute Metapher vom Dasein als Rollenspiel erneuert, zumal im »Salzburger großen Welttheater«; er hatte mit *Jedermann,* dem *Spiel vom Sterben des reichen Mannes,* das mittelalterliche Mysterienspiel und die frühneuzeitliche Moralität wiederaufgenommen. Und ebendieser *Jedermann* dürfte die Anregung für das Versspiel *von dem Tod und dem kranken Mann* gegeben haben, das im Roman für den todkranken Tänzer Enrique mehr vorgetragen als aufgeführt wird. Vor Gott treten der Teufel als Ankläger- und der Tod als Richter des Kranken, der um Gnade bittet und sich durch die »Wünsche« (die Wünsche »der letzten Stund«) verteidigen läßt. Auf das Verdikt des heiligen Augustin gegen das Theater und die Schauspieler beruft sich ausgerechnet der Teufel. Doch Gott rettet in dem Akteur den Diener seiner Kunst.

Ans Ende gestellt, hätte dieses Spiel von der Verheißung metaphysischen Heils die Wirkung einer Überhöhung gehabt. Aber der Romanschluß zeigt gerade umgekehrt, wie eine Wirklichkeit, mit der die ökonomische Berechnung triumphiert, roh einbricht in eine Idylle (wie morbid sie immer auch sein mag). Die Gruppe der Überlebenden wird versprengt. Daß man diesen Traumtänzern und Ichsüchtigen, diesen dem Schein verfallenen Verfälschern des Tatsächlichen ihre falsche Idylle weiterhin von Herzen gegönnt hätte, ist die Hauptempfindung des Lesers. Nirgendwo hat sich der Erzähler Jens mit mehr humanem Takt menschlicher Unzulänglichkeit genähert als in diesem Roman. Mit Nachsicht erfaßt ist jene Art von Selbsttäuschung, die schon wieder eine neue Form von Wirklichkeit schafft, wenigstens vorübergehend – eine eigene Lebenswahrheit auf den dünnen Brettern der Illusion.

Sackgassen des Romans

Die Selbstbehauptung des Künstlers, die in *Vergessene Gesichter* noch mit Hilfe der Selbsttäuschung zustande kommt, will im Roman *Der Mann, der nicht alt werden wollte* (1955) nicht mehr gelingen. Der junge Schriftsteller Wolfgang Bugenhagen, dem die biographischen Recherchen und die editorischen Bemühungen seines früheren Lehrers, des Germanistikprofessors Friedrich Jacobs, gelten, hat seinen Roman nicht vollendet; sein Selbstmord hat ihm den Prozeß des Altwerdens erspart, war aber zugleich Eingeständnis eines Scheiterns.

Jens treibt in diesem Roman ein wahres Vexierspiel mit den Fiktionsebenen. Um sie auseinanderzufalten, beginnt man am besten am Ende, beim zweiten Nachwort. Obwohl durch die Unterschrift »Tübingen, im Dezember 1954. Walter Jens« als Originalwort des Tübinger Philologen Jens beglaubigt, erweist es sich durch eine Reihe versteckter Signale als Text eines Herausgebers Walter Jens, der seinerseits eine Fiktion des Autors Jens ist. Der fiktive Walter Jens widerspricht entschieden dem Schreiber des ersten Nachworts, dem Studienrat Obergefell, der die nachgelassene Arbeit seines Lehrers Jacobs zur Herausgabe vorbereitet hat, aber schließlich von seinem Auftrag zurückgetreten ist und seine Skrupel mitteilt, seine Bedenken gegen einen eher kranken als originellen Bugenhagen und gegen Jacobs' Überschätzung seines ehemaligen Schülers. Im eigentlichen Roman, in Jacobs' Ergebnisbericht, scheidet sich die Dokumentation der eigenen

Rolle des Rechercheurs, der mehrere für Bugenhagens Biographie wichtige Orte und Personen aufsucht, von den protokollierten Gesprächen und Interviews, den Analysen des Werks und den längeren Auszügen aus den literarischen Schriften Bugenhagens. Die Perspektiven der Herausgeber, des Wissenschaftlers, seiner Bürgen und Kronzeugen, des Autors Bugenhagen und seiner Figuren, widersprechen oder durchdringen sich, so daß eine kaleidoskopische Fülle von Facetten, von einander brechenden Ansichten entsteht.

Die Verschachtelung und die wechselseitige Relativierung der Fiktionsbereiche erinnert an ein Kunstprinzip der Romantik, das mit dem Begriff der »romantischen Ironie« zu allgemein umschrieben wäre. Gemeint ist das Spiel mit der Selbstsetzung, Selbstbeobachtung und Selbstaufhebung der Kunst, zumal der literarischen Fiktion. Wo aber in der Romantik die – durchaus positiv verstandene – »Willkür« im Spiel der Kunst mit sich selbst gerade die Autonomie und Eigenmächtigkeit der Kunst (der Literatur) bekundet und allein das Künstlerische selbst als Sinn anerkennt, stellt das Spiel der Relativierung im Roman von Jens tatsächlich das Künstlerische in Frage. Dieser Selbstzweifel äußert sich in mehrfacher Spiegelung (wobei das kritische erste Nachwort zumindest Kommentarfunktion hat). Der

Germanistikprofessor Jacobs steht nicht nur als Biograph methodisch auf unsicherem Boden, er ist auch ein verhinderter Dichter (hat seine frühen poetischen Versuche abgebrochen) und schreibt deshalb mit der Biographie Bugenhagens einen Teil seiner eigenen Geschichte. Bugenhagen wiederum projiziert in seine Romanfigur Heydenreich sein eigenes Dilemma hinein: Die Last der Tradition ist erdrückend; in irgendeiner Form ist alles schon einmal dagewesen; ungewollt und unbemerkt wird man zum Sprachrohr fremder Anschauungen. Was Bugenhagen (Heydenreich) als seine Lage erkennt, ist die Situation des Nach- und Spätgeborenen. Auf dem Künstler, dem Schriftsteller liegt der Fluch des Epigonentums. Wo etwas Neues nicht mehr zu sagen ist, verliert die Literatur – hier genauer der Roman – die künstlerische Legitimation.

In diesem Zusammenhang ist die Anmerkung nicht überflüssig, daß Jens' Freund Wolfgang Hildesheimer einige Jahre später von ähnlichen eigenen Erfahrungen spricht. »Mir fällt nichts mehr ein. Kein Stoff, keine Fabel, keine Form … Alles ist schon geschrieben oder geschehen …« So beginnen die *Vergeblichen Aufzeichnungen* Hildesheimers von 1962/63; und nicht weniger resignativ äußert er sich in seinen Frankfurter Poetikvorlesungen von 1967, wo er Adornos berühmtes Wort umkehrt – nach Auschwitz, sagt Hildesheimer, sei nur noch das Gedicht (neben der »absurden Prosa«) möglich, nicht aber der Roman, denn was Auschwitz dem menschlichen Bewußtsein an Dimensionen hinzugefügt habe, könne der Roman nur bagatellisieren.

Weder Lyrik noch »absurde Prosa« haben bei Jens ernsthaft zur Wahl gestanden. Und er entwickelt auch das künstlerische Dilemma im Roman *Der Mann, der nicht alt werden wollte* nicht vom Thema Auschwitz her, sondern als Problem der mangelnden Innovation, der Erschöpfung von Stoff, Form und Gehalt. – Möglichkeiten eines Romans dennoch einmal durchzuspielen – bis zur Einsicht in seine Unmöglichkeit –, unternimmt Jens im Experiment seines Romans *Herr Meister* (1963), in dem »die Tradition noch einmal in universaler Geste herbeizitiert« wird (Manfred Lauffs, *Walter Jens*, 1980, S. 77).

Wieder tarnt sich der Autor als Herausgeber, als Editor eines Briefwechsels zwischen dem Schriftsteller A. und dem Literarhistoriker und -kritiker B. Obwohl die Rolle der Fiktion zu bedenken bleibt, bestätigt die Lektüre die Vermutung, daß sich im Gegeneinander der beiden Stimmen das Gespräch des Schriftstellers Walter Jens mit sich selbst verbirgt. Zur Diskussion steht letztlich sein endgültiger Abschied vom Roman.

Aus dem Dialog – aus Begründung, Kritik und Selbstzweifel – gehen vielfache Verwandlungen eines ursprünglichen Romanentwurfs hervor, eines Konzepts, dessen Grundimpuls die Erfahrung von Schwermut ist. Schon in der ersten Kompositionsskizze taucht ein melancholischer Herr Meister auf, doch als Hauptfigur vorgesehen ist ein Professor der Philosophie, der im Jahre 1933 in der Hitlerdiktatur »eine höchst moderne Pestilenz« erkennt. Den Vorwurf eines »kruden Naturalismus« sucht A. mit dem »Bericht über Hattington« zu entkräften, einer Parabel, in der ein amerikanischer Neger erzählt, wie in einer Atmosphäre schwelenden Verdachts die Suche nach Mördern zur Verbrecher- und Hexenjagd wird, zu einer »Raserei im Schatten der Angst und des Schreckens«. Ein neuer Entwurf verlegt das Geschehen nach Wittenberg, ins Jahr der Pest 1527, und läßt Luther, den »melancholischen Reformator«, als einen Helfer der Kranken, als einen neuen barmherzigen Samariter, in der Stadt zurückbleiben. Im Titel dieses chronikartigen Buches soll das Wort »Meister« erscheinen.

Über den Studienort Wittenberg und die Traurigkeit Luthers findet A. zur Hauptfigur seiner nächsten Fassung, zu Hamlet, dem er »das Antlitz der Dürer'schen Melancholie« geben und den er als »Opfer der Pest und der Wittenberger Melan-

cholie« nach Dänemark heimkehren lassen will.
Notizen nach einem mündlichen Gespräch zwischen A. und B. führen einen künstlichen, in der Retorte hergestellten Menschen ein, den »homunculus tristis«, in dem Faust und Franziskus zusammenfallen. Doch im nächsten Brief kommt A. auf die Figur eines berühmten Wissenschaftlers zurück, den er sich jetzt als »Historiker von weltweitem Ruf«, freilich auch als einen häßlichen Zwerg und Krüppel denkt. Erneut taucht das Motiv des aus Chemikalien und in der Retorte entstehenden »homunculus tristis«, auf, und A. erläutert durch die »Parabel vom Sargverkäufer«, wie »Herr Meister« von den Mitmenschen als Todesbote gemieden wird. Gegen die Einwände von B. nimmt A. schließlich Zuflucht zur mythischen Figur des Odysseus.

Damit tritt auch hier jene Gestalt ins Konzept ein, die Jens, den Kenner der Antike, offenbar am stärksten fasziniert. Im »Saturniker« Odysseus sieht A. nun den »wahren Herrn Meister«: »Betrachten Sie die Gaben der Melancholie: weite Reisen und lange Abwesenheit, das Elend und die Höllenfahrt; dunkles Geheimnis, Alter und Nachdenklichkeit; Todesahnung, Trug und Gaukelei: wer, wenn nicht Odysseus, hätte diese Geschenke empfangen?« B. stimmt zu: keine andere Figur sei so sehr fähig wie Odysseus, »die Phantasie von

Jahrhundert zu Jahrhundert neu zu entzünden«. Aber er findet doch den Odysseus-Stoff in diesem Falle zu wenig ergiebig und belastbar – »auch die mythische Gestalt will nicht beliebig gebrochen sein« – und rät vom Festhalten an der Fabel überhaupt ab, schlägt statt dessen einen »Traktat von der Traurigkeit« vor. Diese Minimallösung lehnt A. ab, doch gesteht er ein, was die fortwährende Flucht von einem Entwurf in den anderen immer klarer anzeigte: das Scheitern des Romanprojekts.

Auf dem Weg in die Sackgasse ist die theoretische Reflexion – des Kritikers B., aber auch des Schriftstellers A. selbst – ständiger Begleiter. Über die Erzählerrolle, über den Vorteil oder die Unangemessenheit der Ich-Erzählung oder des Briefromans, über den souveränen Kommentar und die Zulässigkeit oder Notwendigkeit der Ironie, über Distanz und »Kälte« (»als ein Arzt soll der Schriftsteller schreiben«) werden Argumente und Gegenargumente ausgetauscht. Die angestammten Aufgaben der Realisten sieht B. längst beschnitten durch »Reportage, Wissenschaft und Photographie«. Gefordert seien »synoptische Vergegenwärtigung, Montage der Zeiten und Räume«, »Poesie der Relation«. Andererseits wirft er A. die mangelnde Konkretheit der »Realien« vor: »Betasten, Sehen und Riechen ist Ihnen fremd.« »Ist es ein Zufall, daß Sie … beim Exemplarisch-Didaktischen landen und, statt zu erzählen, parabolische Exerzitien treiben?«

Die Verführung ist groß, hinter den Argumenten von A. die Position des Autors Jens, hinter der Beweisführung von B. die seiner Kritiker oder seiner Selbstkritik zu sehen. Aber solche Gleichungen trügen, das Rollenverhältnis ist komplizierter. Der Romanautor Jens und der Literaturkritiker und -wissenschaftler Jens verteilen ihre Argumente auf beide Seiten, der Diskurs ist ein dialektisches Selbstgespräch des poeta doctus, des gelehrten Dichters und des dichtenden Kritikers und Wissenschaftlers. Dabei schlägt Selbstkritik immer wieder in Selbstrechtfertigung um und umgekehrt, oft wird nur ein Einwand formuliert, um widerlegt zu werden. In *Herr Meister* ist die Theorie des Romans, wie es Friedrich Schlegel gefordert hatte, selbst ein Roman, entwickeln sich Theorie und Roman im virtuosen Spiel und Wechsel der Ebenen. Im Gegensatz aber zur Forderung Schlegels setzt das Spiel der romantheoretischen Reflexion den Roman als Roman schachmatt.

Wieder ist auf eine Parallele im Werk Wolfgang Hildesheimers hinzuweisen. In scheinbarem Widerspruch zur These seines Vortrags über *Das Ende der Fiktionen* (1975) ist die Hauptgestalt von Hildesheimers letztem Roman *Marbot. Eine Biographie* (1981) reine Erfindung, eine fiktive Figur jedoch, die er in ein – sorgfältigst gesammeltes – historisches und kulturgeschichtliches Faktenmaterial förmlich einspinnt, so daß die höchstmögliche Illusion von historischer Echtheit der Marbot-Gestalt erreicht wird. Um die Fiktionen ad absurdum zu führen und um ihrer Unwahrheit entgegenzuwirken, will er sie »mit den eigenen Waffen« schlagen. Auch dieser Roman führt mit letzter Folgerichtigkeit in die Sackgasse: »ich weiß, daß ich mir mit ihm die Möglichkeit verstellt habe, jemals wieder ein erzählendes Buch zu schreiben.« Tatsächlich hat Hildesheimer ja daraus die Konsequenz gezogen. Wie bei Jens *Herr Meister,* so ist bei ihm – wenn auch fast zwei Jahrzehnte später – *Marbot* der epische Abgesang.

Bei beiden Autoren führt der Verzicht auf den Roman nicht in die Unproduktivität. Hildesheimer zieht sich wieder ins Maleratelier und damit auf seine ursprüngliche künstlerische Tätigkeit zurück, er hinterläßt bei seinem Tod im Jahre 1991 ein beachtliches Collagen-Werk; Jens setzt, so sahen wir, die Anregungen aus der antiken Überlieferung in Arbeiten für das Theater und das Fernsehen um und schafft sich, wie zu zeigen sein wird, weitere Formen der literarischen Öffentlichkeit. Bei Jens wie bei Hildesheimer vollzieht sich die Distanzierung und der Abschied vom Roman nicht abrupt, sondern in einem längeren Prozeß des Abwägens und Erprobens verbleibender Möglichkeiten. Daß der Roman »abgewählt« wird, entspricht der eigenen Logik ihrer literarischen Konzeptionen, kann deshalb auch durch das Fortbestehen objektiver Möglichkeiten des Romans nicht widerlegt werden. Andererseits verrät sich in Jens' verhältnismäßig früher Abkehr vom Roman ein vermindertes Vertrauen in die eigene epische Kraft. Vernünftiger jedoch als die Anhänglichkeit um jeden Preis ist allemal der entschiedene Trennungsschnitt. So ist die frühe Entwicklung des Romanautors Jens eine spiegelbildliche Verkehrung der späten Romankunst Theodor Fontanes.

Kritische
Schule der Literatur

Von literarischen Meteoren, die eine Zeitlang wie Gestirne erster Ordnung strahlten, hat sich Jens gar nicht oder nicht lange blenden lassen; ein Fixstern unter den Erzählern jedoch wie Theodor Fontane ist ihm immer vertrauter, immer wichtiger geworden. Konkrete Form nimmt die Beschäftigung mit dem epischen Beobachter der preußisch-berlinischen Gesellschaft im Drehbuch zu einem Fernsehspiel, in der Bearbeitung des Romans *Frau Jenny Treibel* (1981 gesendet) an. Aber auch in den literaturkritischen und -historischen Arbeiten wird die zunehmende Wärme im Verhältnis zum Romancier des neunzehnten Jahrhunderts spürbar. Spätere Kommentare zu Thomas Mann, zumal zu den *Buddenbrooks,* bringen immer auch den »Lehrmeister« Fontane mit ins Bild.

Zunächst liegt Fontanes Werk (wie die Literatur des neunzehnten Jahrhunderts überhaupt) noch im Schatten großer Leitfiguren der modernen Erzählkunst. Einen Versuch, »die Methodik der klassischen Philologie einmal auf anderem Feld, dem Bereich der Moderne, zu erproben«, nennt

Jens sein Buch *Statt einer Literaturgeschichte* (1957). Die vielen erweiterten Auflagen des Essays (die siebte erschien 1978) belegen eine lang anhaltende Wirkungsgeschichte. Man macht sich heute, in einer Zeit, da das Informationsbedürfnis durch Literaturgeschichten, Handbücher und Essaysammlungen zur Gegenwartsliteratur geradezu überbefriedigt wird, kaum noch die rechte Vorstellung von dem Wissenshunger, dem eine Darstellung abhalf, die sich im Titel bescheiden als Ersatz anbot. Prüfen wir nicht, ob sich Jens hier wirklich an die »Methodik der klassischen Philologie« bindet oder seine akademischen Kollegen nur mit einer Schutzformel beruhigt. Halten wir vielmehr fest, daß es im Deutschland der Nachkriegszeit niemanden gab, der über die Literatur der Antike und zugleich über die Weltliteratur der Moderne so kenntnisreich und stilistisch elegant zu schreiben vermochte wie Jens. Die Überlebenden der Jahrgänge nach 1920, die in ihrer Schulzeit auf völkisch-nationale Literaturidole eingeschworen worden waren, und die Jüngeren, die nun früher in den Genuß der Freiheit zur Neugier kamen, sie fanden hier Zugang nicht nur zu den seit der Bücherverbrennung von 1933 verbotenen deutschen Autoren von Weltgeltung, sondern auch zu den internationalen Wegbereitern modernen Erzählens wie Marcel Proust,

James Joyce und Virginia Woolf, André Gide und Jules Romain, John Dos Passos und William Faulkner.

Diese trigonometrischen Punkte geben Orientierung, wenn mit Rilke, Hofmannsthal und Georg Heym, Musil und Kafka Stationen einer »Revolution der deutschen Prosa« abgeschritten werden. Jens macht früh Ernst damit, Kafkas Werk aus seinem Judentum, vom Chassidischen her zu deuten. Er profiliert vor dem Hintergrund des deutsch-jüdischen Pragers den russisch-jüdischen Dichter aus Odessa, Isaak Babel, den »Sänger der Revolution und des Judentums«. Die Literatur der Emigranten und des Exils ist präsent mit Thomas Mann, Hermann Broch und Bertolt Brecht. Durch das Werk Thomas Manns geleitet der »Gott der Diebe«, die mythische Hermes-Figur in ihren modernen Mannschen Variationen. Unter die Doppelformel »Poesie und Doktrin« gestellt ist der Lyriker und Stückeschreiber Brecht, dessen »ideologische Herkunft« Jens nicht verleugnen, aber – in einer Zeit starker politischer Vorbehalte gegen den in Ostberlin verstorbenen Dichter – »entdämonisieren« will. Die Analyse der Verführbarkeit Gottfried Benns, seiner vorübergehenden Liaison mit dem Nationalsozialismus, und die kritische Distanz zur Auffassung vom »Kunstwerk außerhalb der Zeit«

versperren Jens nicht den Blick für die Kunst des Autors, »Chaotisches in Gedichtzeilen«, »Dämonen« in »Fesseln der Form« zu bannen.

Ein Panorama der modernen Literatur, das den Anspruch des Exemplarischen erheben konnte, auch wenn das Interesse an der Erzählprosa überwiegt, ist so entstanden, eine Schule des Lesens und Verstehens, in der durch Jahre hindurch Liebhaber wie Lehrer und Studenten der Literatur gelernt haben. Sieht man den großen Essay als eine »Pädagogik des Lesens«, so ist das Kapitel über die »Perspektiven im Roman« das Kernstück. Jens beschreibt die verschiedenen Möglichkeiten von Erzählperspektiven nicht (nicht nur) in einer theoretischen Abhandlung, sondern erläutert sie mit Hilfe eines Experiments. Er hat ausländischen Schriftsteller-Freunden eine »Modell-Story« mit der Bitte geschickt, die Fabel als das erste Kapitel eines Romans zu nehmen und die Skizze unter dem Aspekt »Die Perspektive« auszuführen. Das Ergebnis kommt der Lehrabsicht entgegen: keine der »klassischen Erzähl-Perspektiven« wurde außer acht gelassen. Den Vorzug vor dem allwissenden Erzähler, der den Roman mit einer »Totale« beginnt, vor dem auf Kommentare verzichtenden, neutralen (wenn auch nicht unpersönlichen) Berichterstatter und vor dem auf die Perspektive seines Helden sich beschränkenden Erzähler gibt Jens im Resümee jenem Erzähler, der die Unmittelbarkeit der personalen Perspektive mit der Verfügungsgewalt allwissender (auktorialer) Optik vereint. – Ein Meisterstück literarisch-pädagogischer Vermittlung von Theorie! Was sonst im Begriff abstrahiert wird, entwickelt die literarische Praxis; im Experiment kommt Erkenntnis durch anschauliche Erfahrung zustande.

Die Linien des Buches werden weitergezogen im Vortrag *Moderne Literatur. Moderne Wirklichkeit* (1958), an dessen Ende Jens je verschiedene Weisen, die Realität unseres Jahrhunderts zu treffen, an einem Text aus Brechts *Verhör des Lukullus* und an Paul Celans *Todesfuge* demonstriert. Und der Erfolg des Bandes *Statt einer Literaturgeschichte* ermuntert – oder soll man sagen verführt – Jens, einen umfangreichen Essay unter dem Titel *Deutsche Literatur der Gegenwart,* einen Aufriß der *Themen, Stile, Tendenzen* nachzuschieben (1961). Auf dieses Buch stürzen sich alle, die darauf gewartet haben, ihre Ressentiments gegen die Mitglieder der »Gruppe 47« oder den spezielleren Groll gegen den Autor Jens entladen zu können. Obwohl der Band noch im folgenden Jahr in die vierte Auflage und ins zwanzigste Tausend geht, tritt Jens selbst später den Rückzug an, läßt das »Ärgernis« auf sich beruhen und geht

schließlich ganz auf Abstand. Fast muß man das
ungeliebte Kind gegen seinen Autor und dessen
Widersacher verteidigen – nicht als wissenschaftliche Monographie, auch nicht als einen ausgewo-
genen literarischen Essay, wohl aber als einen
sprachlichen Sturzbach von Reflexionen, Kommentaren, Assoziationen. Der Band (von immerhin mehr als 150 Seiten) ist innerhalb zweier
Wochen geschrieben worden und kann deshalb
nichts anderes sein als ein Parforceritt durch die
Gegenwartsliteratur, eine Jagd, bei der die Namen, Begriffe und die Urteile nur so purzeln.
Aber das Buch bleibt, bei all seiner Fragwürdig-
keit, eine rhetorische Rhapsodie, wie sie in diesen
Jahrzehnten nur Jens schreiben konnte.

Eine Wiederholung freilich bleibt ausgeschlossen.
Und schon im nächsten Jahr setzt Jens einen
Gegenakzent und zugleich wieder ein pädagogi-
sches Zeichen mit einer Beispielreihe für – wie das
Vorwort ausdrücklich vermerkt – junge Autoren,
nämlich in den elf (in der zweiten Auflage von
1963 zwölf) *literarischen Porträts* des Bandes
Zueignungen. Ich bin nicht sicher, ob Jens später
noch an Felix Hartlaub und Bruno Schulz als
wegweisenden literarischen Vorbildern in einer
Reihe mit Döblin und Brecht, Hemingway, Pavese und Camus festgehalten hätte. Damals galt es,
die durch den Krieg und durch den Tod im

Ghetto abgebrochenen schriftstellerischen Lebenswerke vor dem Vergessenwerden überhaupt zu retten. Noch gar nicht selbstverständlich war es, den gerade als Schriftsteller entdeckten Sigmund Freud in die Reihe aufzunehmen. So zufällig der literarische Kanon des Bändchens wirkt, so unkonventionell und undogmatisch ist er doch. Neben den Satiriker Kurt Tucholsky ist der klassische Philologe Karl Reinhardt gerückt, für dessen Stil Jens den Vergleich mit der essayistischen Prosa Hermann Brochs und Thomas Manns nicht scheut.

Jens' Berufung auf den neu- bzw. wiedergegründeten Lehrstuhl für Allgemeine Rhetorik in Tübingen (1962) ist kein bloß äußeres Datum der Biographie; um diese Zeit gerät auch die schriftstellerische Entwicklung an einen Kreuzungspunkt. Nicht weniger kennzeichnend dafür als der Abschied vom Roman, mit dem 1963 erschienenen *Herrn Meister,* ist der stärkere Zug zur öffentlichen Rede, zur Einmischung in die öffentlichen Angelegenheiten. Fast programmatisch gibt sich der Titel der im selben Jahr gedruckten Rede *Der Schriftsteller und die Politik* (deren historischer Horizont später erweitert wird in der Rede *Geist und Macht. Literatur und Politik in Deutschland,* 1984). Wie für Friedrich Dürrenmatt die frühere Aufgabe des Geschichtsdramas durch die heutige Geschichtswissenschaft erledigt ist, so sieht Jens den Romancier durch Medien wie Geschichtsschreibung, Reportage und Philosophie entlastet, nicht aber vom Anspruch moralischer Integrität und artistischer Meisterschaft befreit. Der Schriftsteller ist ihm ein Partisan, in Politik verwickelt durch Rebellion und Widerstand. Unmittelbare politische Wirkung lasse sich nur durch Literatur im Stil von Zolas *J'accuse* und Büchners *Hessischem Landboten* erreichen. Georg Büchners erstaunliche Modernität ist dann auch Gegenstand der 1964 zusammen mit dem Euripides-Essay herausgekommenen Büchner-Rede. Sie wiederum wird zum Angelpunkt eines Sammelbandes *Von deutscher Rede* (1969), der dem Zusammenhang zwischen Rhetorik und Moral nachgeht. Jens findet Blütezeiten abendländischer Beredsamkeit immer dort, wo Antagonismen der Epoche in öffentlichem Streit Profil und Konturen gewinnen. Andererseits behindert der Untertanenstaat, gerade in Deutschland, die Kunst der öffentlichen Rede. Den Auftakt der deutschen Reihe bilden die »Feldzüge« des Redners Lessing, der Natürlichkeit und Rhetorik in Übereinstimmung zu bringen sucht und so eine Rhetorik des republikanischen Volkes vorbereiten hilft. Nicht nur eine republikanische Tradition würdigt Jens. Anerkannt wird in der »reaktionären Beredsamkeit« Adam Müllers der große Stil, der sich dem Tenor der protestantischen Predigt verdankt. Thomas Mann ist, in Jensscher Zuspitzung, der Rhetor-Bourgeois, der mit den Mitteln der Beredsamkeit die klassische Rhetorik entthront. Rhetor gegen die Rhetorik, Redner an der Grenze des Schweigens ist ihm Hofmannsthal, der Autor des *Chandos*-Briefes und des *Schwierigen*. Die politische Dimension der Rede wird vor allem sichtbar im Porträt des »Moralisten« Albert Einstein, des Physikers im Atomzeitalter.

Zehn eigene *Ansprachen und Traktate im rhetorischen Stil* sammelt Jens 1976 unter dem Titel *Republikanische Reden*. Es ist noch nicht allzu lange her, daß Redekunst und Literatur als zwei feindliche Geschwister galten, wobei es keinem Zweifel unterlag, wer das Kainsmal trug, der Rhetor oder der Dichter. Der Rhetor tötet im Schriftsteller den Dichter, so lautet das Urteil einer Zeit, die als Dichtung nur die Erlebnispoesie und die Sprache des unmittelbaren Ausdrucks anerkannte. Dann setzte sich die Erkenntnis durch, daß – bis ins achtzehnte Jahrhundert hinein – ganze literarische Epochen im Zeichen innigsten Zusammenlebens von Poesie und Rhetorik standen. Doch blieb die Rhetorik fragwürdig als Technik berechnend-effektvollen Sprechens.

Um der Redekunst den Makel bloßer Überredekunst zu nehmen, war volle Rehabilitierung nötig. Zu ihr trug die Tübinger Universität bei, indem sie den Rhetorik-Lehrstuhl einrichtete. Der Schriftsteller Jens nahm seinen Lehrauftrag wörtlich und schlug sein Rhetorik-Katheder in der Öffentlichkeit auf. Die Antike, so lernt schon der Anfänger, kannte als Formen der angewandten Rhetorik die politische, die Gerichts- und die Lobrede (später kam die christliche Predigt hinzu). Immer will, von der Preisrede einmal abgesehen, rhetorisches Sprechen Handeln, Entscheidungen bewirken (das Handeln der Staatsbürger, der Richter oder Geschworenen, der Gläubigen), immer ist es praxisbezogen. So sind die *Republikanischen Reden* in weit konsequenterem Sinne als die Abhandlungen *Von deutscher Rede* Anwendung dessen, was Jens lehrte; sie lassen Gegenstand und Tätigkeit des Rhetorik-Professors, Theorie und Praxis identisch werden.

Republikanisch sind sie als Reden eines Demokraten, der sich in die jakobinische Tradition stellt. (Der Jakobiner-Begriff freilich wird zu sehr strapaziert. Kant, der in der *Beantwortung der Frage: Was ist Aufklärung?* den »Freistaat«, also die Republik, gegen die Monarchie herabsetzt, war kein Jakobiner.) Mit den Jakobinerreden in der Französischen Nationalversammlung nach 1789 haben diese zwischen 1971 und 1976 gehaltenen

Reden die bürgerliche Radikalität gemeinsam. Ihr ursprüngliches Forum bildeten Schriftsteller- und Wissenschaftlerkongresse, der deutsche Pfarrertag in München, Jubiläen (eines Gymnasiums und des Deutschen Fußballbundes), die Thomas-Mann-Feier in Lübeck oder der Jahreskongreß öffentlicher Nahverkehrsbetriebe in Hamburg.

Hier läßt der Drang des Rhetorikers zur Öffentlichkeit auch seine Kehrseite ahnen: die Versuchung, Redekunst als Rederoutine für alle Zwecke verfügbar zu halten. Der Rhetoriker als Mietredner, als Sprachsolist beim Festchor der Verbandsjubiläen – solches Virtuosentum konnte leicht den Verdacht herausfordern, von dem sich die Rhetorik gerade befreit hatte.

Andererseits schließt nichts den Schriftsteller und Universitätslehrer von dem Recht aus, sein Engagement mitsprechen zu lassen. Bei unseren westlichen Nachbarn wurden Wissenschaft, Literatur und öffentliche Angelegenheiten nie, was bei uns beamtenrechtliches Denken aus ihnen machte oder doch zu machen wünschte: eifersüchtig gehütete Ressorts.

Die Lektion, die Walter Jens in seiner Rede *Zehn Pfennig bis Endstation* über den öffentlichen Personennahverkehr von einst gibt, ist ein Muster für die rhetorische und schriftstellerische Kunst, einer scheinbar banalen Sache unvermutetes soziales

Gewicht zu verleihen, zugleich historische Fakten so zu ordnen, daß sie sich zu einer spannenden Geschichte fügen.

Zunächst fängt der Redner den Hörer – und dann den Leser – durch ein literarisches Zitat ein und führt ihn mit dem Marquis de Venosta (alias Felix Krull) in das Waggon-Restaurant des Zuges, der Paris in Richtung Süden verlassen hat. Daß die Eisenbahnreise kein literarisches Sondermotiv Thomas Manns ist, belegen die Beispiele aus Fontanes Roman *Cécile,* aus Dostojewskis *Der Idiot* und Tolstois *Anna Karenina,* schließlich aus Joseph Roths *Radetzkymarsch.* Schon ist das historische Interesse des Lesers gefesselt – die technische Revolution hat die Reise in den Transport verwandelt. Der sozialgeschichtliche Hintergrund wird deutlich: Wie das preußische Dreiklassenwahlrecht spiegeln die Eisenbahnklassen die hierarchisch gegliederte Gesellschaft, doch ist bereits das neue, demokratische Zeitalter angebrochen, denn mit der Eisenbahn fahren der Landrat wie der Prolet, und für beide sind Abfahrt- und Ankunftzeiten die gleichen.

Die Geschichte der Technik und der Kultur überkreuzen sich im Kult des Altertums; da Theater als griechische Tempel erstehen, will die Hamburger Alsterschiffahrt nicht zurückbleiben: Seit Anfang des Jahrhunderts dampfen die Schiffe unter der Flagge des Hellenismus, aus den Namen »Eppendorf« und »Winterhude sind »Nautilus« und »Neptun«, aus »Oscar« ist »Triton« geworden. Die andere Hansestadt, Bremen, trägt zur Geschichte des Nahverkehrs die Probleme der Straßenbahnen bei: Fragen des Tarifs und – schon – des Umweltschutzes.

Der Streit von Privatinteresse und Gemeinwohl beherrscht die Reden im Stadtparlament – Akten beginnen zu reden. Der Kommentar von Jens: »An der Kriegsgeschichte gemessen ist die deutsche Parlamentsgeschichte ein ungeschriebenes Buch.« So wird aus der literarischen und technischen Lektion eine politische, eine zugleich gelehrte und populäre – eine bei allem Ernst vergnügliche Lektion.

Eine »radikal apolitische Ästhetisierung der klassischen Bildung«, wie sie in der zweiten Hälfte des neunzehnten Jahrhunderts einsetzte und deren Ergebnis immer nur eine »antiquierte Antike« sein kann, ist Jens ebenso verdächtig wie jene Gleichsetzung von griechisch und humanistisch, von klassisch und kanonisch, die manche Grundsatzreferate in der DDR vollzogen. Diese Absage an eine radikale Ästhetisierung der Literatur stellt aber keinen Freibrief für radikale Entliterarisierung aus. Jens' Protest gegen Fremdansprüche richtet sich nach zwei Seiten: wie die Literatur einst keine Magd der Theologie war, so ist sie heute keine Dienerin der Sozialwissenschaft. Dennoch stehe es so schlecht nicht um eine konkrete Rolle der Literatur. Zensur und Verbote, Zeichen von Angst vor der Literatur, sind die untrüglichen Beweise gegen ihre Wirkungslosigkeit. Unbequem ist gerade die »konservative« Funktion der Literatur, ihre Rolle als rückwärtsgewandte Prophetie und als Gedächtnis der Menschheit, als Werkzeug des historischen Bewußtseins. Unbequem ist sie freilich auch in der sokratischen Methode, gegen die Autoritätsanmaßung »nein« zu sagen.

Zu ihrem Gegenstand haben die *Republikanischen Reden* immer die *res publica,* die Sache der Öffentlichkeit, des Staates, des Volkes. Auch hier aber zeigt sich die Besonderheit der Jensschen Rede: daß sie von essayistischen Elementen durchdrungen ist wie umgekehrt der Jenssche Essay von rhetorischen Elementen. Die Kunst des Redens ist immer zugleich eine Kunst des Schreibens. So liegt es in der Logik der Sache, daß der Schriftsteller auf dem Lehrstuhl für Rhetorik unter seine Lehrveranstaltungen auch Schreibseminare aufnahm. Dokumentiert werden die Ergebnisse solcher Schreibseminare im Taschenbuch *Schreibschule. Neue deutsche Prosa. Angeregt, betreut und herausgegeben von Walter Jens* (1991).

Schreibseminare sind nicht Jens' Erfindung. Vorläufer gibt es seit langem in den *creative writing*-Übungen an amerikanischen Universitäten. Doch hat die Tübinger »Schreibschule« – neben den amerikanischen Vorbildern – inzwischen in Deutschland vielfach Schule gemacht (zu unterscheiden von diesen Kursen war die Institutionalisierung der Schriftsteller-Schule in der DDR, im Leipziger »Johannes R. Becher-Institut«). An den Hochschulen und Schulen, in der Erwachsenenbildung und Lehrerfortbildung, in Frauengruppen und in der Therapie ist die »Schreibbewegung« fast zur Modeerscheinung geworden. In solchen Seminaren für »kreatives Schreiben« treibt viel Laienhaftes sein Wesen, ein Dilettantismus, den der Professionalismus des Lehrers Jens ausschließt. Konkrete Aufgaben wurden gestellt, für Genieallüren war kein Platz. »Genaues Lesen, verständigeres Kritisieren, besseres Schreiben: Das sind, aufsteigend, aber zugleich auch einander ergänzend, die drei Ziele jedes Schreibseminars.«

Eine Grenze ihrer Produktivität erreicht sah Jens bei dem Versuch, mit den Studenten Fontanes Roman *Frau Jenny Treibel* zu einem Fernsehspiel umzuarbeiten. Offensichtlich hatte der »Handwerksmeister« die »Gesellen« und »Lehrlinge« überschätzt und überfordert. Die Seminarergebnise trugen zum Drehbuch des – unter der Regie von Franz Josef Wild und mit Maria Schell in der Hauptrolle inszenierten – Films wenig bei. Auch wo es um die Reden ganz verschiedener Figuren geht, bedarf es der eigenen »Handschrift« eines Autors, einer bestimmten stilistischen Energie.

Fontane ist der Meister des dialogischen Romans. Der Erzähler in *Frau Jenny Treibel* beschränkt sich auf einführende und verbindende Berichte und enthält sich ausführlicher Kommentare. Die Handlung wird vor allem im Gespräch entfaltet, so daß man sich die Orte, an denen das Geschehen vor sich geht, auch als Bühnenschauplätze denken kann, wobei die Kapitel oder Abschnitte des Romans das Ganze in Spielszenen gliedern. Der Bearbeiter hat also zunächst weniger den Roman, wie Jens meint, »vom Epischen ins Dialogische« zu übertragen, seine Aufgabe läßt sich vielmehr mit einem Einstreichen des dramatischen Textes durch den Dramaturgen oder Regisseur vergleichen (der zeitliche Rahmen, die begrenzte Laufzeit eines Films verlangt durchgreifende Straffungen). An leichten Umgruppierungen, die Jens und der Regisseur vornehmen, werden allerdings die Unterschiede der Dramaturgie des dialogischen Romans zur Dramaturgie des Fernsehspiels oder -films deutlich. Die Hauptleistung des Bearbeiters besteht in der Konzentration des epischszenischen Gefüges und in der Profilierung der Figuren auf die schauspielerische Darstellung hin. Daß die Rolle der jungen und anmutig-witzigen, geistreichen Corinna mit Dietlinde Turban schwach besetzt war, brachte die Inszenierung um einen entscheidenden Glanzpunkt.

Dabei gibt die Bearbeitung gerade der Gestalt Corinnas ein besonderes, zusätzliches Gewicht. Im Roman wie im Fernsehspiel verlobt sich die Tochter des Gymnasiallehrers und Professors Willibald Schmidt zwar mit dem Fabrikantensohn Leopold Treibel, doch eine Verbindung scheitert am Widerstand der Kommerzienrätin Treibel. Es sei leichter, in eine Herzogs- als in eine Bourgeoisfamilie hineinzukommen, resümiert Schmidt. Bei Fontane wie bei Jens gibt es mit einer Hochzeit ein Happy-End, doch nicht mit denselben Paaren. Im Roman verzichtet Corinna auf den schwachen Leopold und gibt ihr Wort ihrem Vetter, dem Archäologen und Gymnasiallehrer Marcel Wedderkopp, der schon früher um sie geworben hat. Die zu erwartende Vermählung Leopolds mit der Schwester seiner Schwägerin, Tochter aus reicher Hamburger Holzhändlerfamilie, wird vom Erzähler ausgeklammert. Die letzten Szenen des Romans führen, auf der Hochzeit Corinnas und Marcels, die Treibels und die Schmidts zu versöhnlicher Feier zusammen.

Diesen allerseits versöhnlichen Schluß übernimmt Jens nicht. Er konkretisiert in der Figur der jungen Frau einen Zug, den Marcel im Roman noch abwertend als »Modernität« bezeichnet: Corinnas Entschlossenheit, Lebensentscheidungen selbst zu treffen. Sie willigt nicht in die »zweitbeste« Lösung ein und verweigert Marcel das Jawort. Das Fernsehspiel zeigt das Happy-End der anderen Seite, die prunkvolle Hochzeit Leopolds, den Triumph Jenny Treibels. In der Schlußsequenz des Films sieht man Corinna auf dem Heimweg vom Bahnhof, wo sie Marcel zu einer archäologischen Studienfahrt verabschiedet hat, langsam durch die Allee gehen. Daß sie später einmal in die Ehe mit Marcel einwilligt, wäre nicht unmöglich bei ihrer Neigung, die Vernunft und das Herz gemeinsam sprechen zu lassen. Im Augenblick aber gebieten ihr beide noch die Entsagung. Der Preis für weibliche Selbständigkeit, so deutet es die Stimmung der Schlußsequenz an, ist vorläufig noch Melancholie. – Jens hat einen Ansatz in Fontanes Roman, der durch den »verklärenden« Schluß wieder überdeckt wird, vom Gesellschaftsbild unserer Zeit und von einer veränderten weiblichen Psychologie her konsequent zu Ende geführt.

Plädoyer
für die Gebrandmarkten

Mit zwei seiner 1976 gesammelten *Republikanischen Reden* betritt Jens, wenn auch nicht zum erstenmal, das Grenzgebiet zwischen Literatur und Theologie. Schon der Romanist Erich Auerbach zog in seinem Buch *Mimesis,* mit dem Vergleich homerischen und alttestamentlichen Erzählens, den Bibeltext lediglich zur Demonstration einer literarischen Technik heran. Ermutigung genug für den Altphilologen, das Neue Testament nicht als einen heiligen Text, sondern als ein Stück antiker Literatur zu analysieren. Nach Jens' Essay über die *Evangelisten als Schriftsteller* kann niemand mehr die Evangelien mit derselben literarischen »Unschuld« lesen wie zuvor.

Im Plädoyer für die Zurücknahme des Predigt-Primats, gehalten auf dem Deutschen Pfarrertag 1976, wird der Vorstellung von der »unio mystica auf der Kanzel« eine Absage erteilt: christliche Rede habe in der Form der Andeutung und nicht des Zugriffs von Gott zu sprechen. Die immer wieder bekundete Übereinstimmung mit dem kritischen Denken Lessings offenbart sich, durch

eine Reihe von Theologennamen nur scheinbar
verdeckt, auch hier, wenn Jens den Liebesdienst
in Wort und Tat zum Gebot der Stunde erklärt –
nach Lessing habe sich christlicher Glaube als
christlich-sittliche Tat zu erweisen.

Für Jens, wie für Lessing, stehen Christentum
und Judentum in so unmittelbarer, aber auch so
spannungsvoller Beziehung zueinander, daß die
literarische Auseinandersetzung mit dem einen
von der mit dem anderen kaum getrennt werden
kann, zumal christlicher Antijudaismus und rassi-
scher Antisemitismus die Spannung noch politisch aufgeladen haben. Mit der Zeitgeschichte
verknüpft ist denn auch Jens' erste Darstellung
eines Beispiels jüdischer Leidensgeschichte, im
1956 gesendeten Hörspiel *Ahasver*. Ahasver oder
der Ewige Jude, nach alter Sage ein Schuster in
Jerusalem, der dem erschöpften Christus auf dem
Weg nach Golgatha die kurze Rast vor seinem
Haus verweigert und dafür zu immerwährender
Wanderschaft verdammt wird, ist bekanntlich –
ohne daß noch das Strafmotiv unbedingt mitge-
dacht wird – zur Symbolfigur für das heimatlose,
über die Erde verstreute jüdische Volk geworden.
Im Hörspiel *Ahasver* wird das Modell konkret in
einer historischen Figur, dem Berliner Chirurgen
Albrecht Busch, der als Jude Deutschland 1937
verlassen mußte, in Frankreich als Deutscher nach

Kriegsausbruch interniert und, als er unter falschem Namen in Südfrankreich lebt, an die Gestapo verraten wird. In der Schweiz, wohin zu flüchten ihm gelingt, erwarten ihn Haft und Zwangsarbeit. Nach dem Kriegsende schlägt er eine Einladung in den neugegründeten Staat Israel aus und nimmt wieder seine Arbeit in einer deutschen Klinik auf, ist hier aber als lebendige Mahnung an das Unrecht der Vergangenheit unbequem und zieht sich in seine Privatpraxis zurück. Allein geblieben – seine Frau und sein Freund sind im Konzentrationslager umgebracht worden –, stirbt er, bevor er einem Ruf nach Paris folgen kann.

Jens, geschult am antiken Drama und am »epischen Theater« Brechts, macht im Hörspiel kein Zugeständnis an die Einfühlungs- und Mitleidsdramaturgie, zu der ihn der Stoff hätte einladen können. Die Figur und die Funktion eines Erzählers schaffen Distanz. Da das Ende von Anfang an bekannt ist und die kurzen Szenen dem Gesetz der Reihung folgen, entsteht keine finale, sondern eine stationäre, auf das Wie der Vorgänge gerichtete Spannung. Die Sprache hält sich an die Nüchternheit des Berichts. Zieht man eine Linie zum Dokumentarischen Theater der sechziger und siebziger Jahre, so verläuft sie nicht von *Ahasver* zu Rolf Hochhuths Schauspiel *Der Stellvertreter,* aber auch nicht zu Peter Weiss' sogenanntem Oratorium *Die Ermittlung,* sondern eher zu Heinar Kipphardts dokumentarischen Stücken, mit denen das Hörspiel den chronistischen Stil gemeinsam hat. Zugleich aber weist *Ahasver* auf Jens' eigenes Fernsehspiel *Die rote Rosa* (1966 gesendet) voraus.

Auch wenn hier das Antisemitismus- vom Nationalismusproblem überdeckt wird, ist es kein Zufall, daß sich Jens für sein politisch-dokumentarisches Fernsehspiel eine jüdische Figur wählt, genauer eine Gestalt, die für ihre Gegner ein dreifaches Stigma trägt, das der Jüdin, der Sozialistin und der politisierenden Intellektuellen. Rosa Luxemburg, polnische Jüdin, seit 1898 deutsche Staatsbürgerin, zwischen 1907 und 1914 Dozentin an der Parteischule der SPD in Berlin, mit Karl Liebknecht in der Opposition gegen den Krieg und Mitinitiatorin des Spartakusbundes, wurde im Januar 1919 von Freikorpsoffizieren ermordet, die dann vor einem Feldgericht von der Mordanklage freigesprochen und zu minimalen Haftstrafen verurteilt wurden.

Diesen Gerichtsfall rollt das Fernsehspiel noch einmal auf, und zwar als Revisionsprozeß, wobei sich Jens die Form des Totengerichts zunutze macht, die schon Brecht im Hörspiel *Das Verhör des Lukullus* beziehungsweise der Oper *Die Ver-*

urteilung des Lukullus und Jens selbst in *B. in der Unterwelt* erneuert hatten. Das Totengericht hebt das frühere Urteil auf, die Schuldigen werden noch einmal vor das Gericht gerufen, vor das »Tribunal der Geschichte«, bei dem nun auch Rosa Luxemburg selbst zu Wort kommt. Obwohl der Verteidiger das Handeln der Angeklagten mit dem damaligen desolaten Zustand des Staates und mit dem Glauben der Offiziere, sie seien die Hüter der Ordnung gegen das Chaos, zu rechtfertigen versucht, werden die Täter schuldig gesprochen.

Jens hat den Text des Fernsehspiels nicht für den Druck freigegeben. Wohl auch der antikisierenden Züge wegen, die in diesem Gerichtsspiel Fremdkörper bleiben. Während Jens in den Bearbeitungen griechischer Dramen die Rolle des Chors beschneidet, pfropft er hier mit den Choreuten und ihrer abgehobenen lyrischen Sprache den Gerichtsszenen chorische Elemente auf. Vielleicht ist Jens' Verzicht auf den Druck aber auch Folge der sehr zwiespältigen und überwiegend ablehnenden Reaktion auf die Sendung des Fernsehspiels.

Ursache für die Gegensätzlichkeit der Kritik sind vor allem jene Teile, in denen der Fall Rosa Luxemburg auf die historische Entwicklung der Jahrzehnte nach dem Mord projiziert wird. Die

Täter erscheinen als Vorboten massenhaften Mords, trotz bescheidenerer Maße als »Vorläufer der Jagoda und Höß, Berija und Heydrich, deren Verbrüderung die Klägerin uns vorausgesagt hat«. Jens sieht also Rosa Luxemburg nicht nur als Opfer der extremen Rechten, sondern im Zangengriff der nationalistischen *und* der kommunistischen Partei, die ihre Lehre verdammt. Der SS-Lagerkommandant und der Verantwortliche für die Judenvernichtung einerseits, die Chefs der sowjetischen Zwangsarbeitslager und des NKWD andererseits, Hitlerregime und Stalinismus bilden eine unheilvolle Allianz im Kampf gegen die Idee der Freiheit von Minderheiten, in der rücksichtslosen Vernichtung all derer, die in ihrem Terrorregime und ihrer Weltanschauung nach ›Störenfriede‹ sind.

Wer sich mit seinem Fernsehspiel so zwischen die Stühle setzte wie Jens, durfte weder von Rechtsnoch von Linksaußen, weder von der *Deutschen National- und Soldatenzeitung* noch vom SED-Organ *Neues Deutschland* und dem Chor der Nachbeter Dank erwarten. Von »Geschichtsfälscher« über »Verleumder« und »Falschspieler« bis zum »literarischen Zutreiber« reichen die Anwürfe gegen Jens. Aber der Gedanke einer heimlich-unheimlichen Kumpanei zwischen dem faschistischen und dem leninistisch-stalinistischen

System, von Jens aus dem exemplarischen Fall einer sozialistischen Häretikerin jüdischer Herkunft entwickelt, diese These des Revisionsprozesses ist heute noch weit weniger in Beweisnot als im Jahre 1966. – Wenn deshalb ihre erneute Demonstration in einem Theaterstück von 1991 nicht mehr so provokant wirkt, bleibt doch festzuhalten, daß Jens zu seiner Bewertung nicht erst nach den massiven Enthüllungen zum »Archipel Gulag« oder nach dem Zerfall der kommunistisch-stalinistischen Systeme gelangte.

Mit dem Theaterstück *Ein Jud in Hechingen. Requiem für Paul Levi* (Uraufführung in Tübingen) geht der Gerichtsfall Rosa Luxemburg sozusagen in die zweite Revision. Paul Levi, so heißt es in der Einführung des Sprechers, war Gefährte, Freund und für kurze Zeit Geliebter Rosa Luxemburgs, ein Anwalt, dessen politischer Weg über die Sozialdemokratie zur kommunistischen Partei und wieder zurück zur Sozialdemokratie führte; er starb 1930 als Reichstagsabgeordneter des Wahlkreises Chemnitz/Erzgebirge. Eine lakonische Mitteilung im Schlußkommentar verdeutlicht noch einmal Levis Situation: »Später, während der Totenfeier im Reichstag, verließen, bevor Paul Löbe seine Trauerrede begann, Kommunisten und Nationalsozialisten gemeinsam den Saal.«

Die Revision des Gerichtsfalls bleibt, wie vor dem Totengericht im Fernsehspiel *Die rote Rosa,* Fiktion: der Sprecher erklärt das Requiem als Rekonstruktion von Traumdialogen Levis. Traumhafte Atmosphäre entsteht zumal durch Lichtwechsel, die zu jeweils neuen szenischen Situationen überleiten, und durch die Verwandlung von Schauspielern in jeweils andere Rollen: die Darstellerin von Levis Sekretärin Mathilde Jacob wird zum Sprachrohr möglicher Gedanken Rosa Luxemburgs oder wechselt tatsächlich in die Rollen von Rosa Luxemburg und Käthe Kollwitz über; der Darsteller des Physikers Albert Einstein erscheint, in gealterter Gestalt, als der Vater Levis.

Keine dramatische Aktion entfaltet das *Requiem* mit seinen »Traumgesprächen« eines Fieberkranken, wohl aber schafft es Konfrontationen. Zeit der Handlung: der 10. Februar 1930, Levis Todestag, ihr Ort: Levis Berliner Wohnung am Lützowufer, in der Nähe jener Stelle, wo man die Leiche der ermordeten Rosa Luxemburg in den Landwehrkanal warf. Die Vorbereitung des Plädoyers im Revisionsprozeß verwickelt Levi in Streit mit dem Reichsanwalt Jorns, den er für die Schonung der Mörder verantwortlich macht, und mit den Tätern Runge und Pabst. Immer wieder im Verlauf der Dialoge, bis zum Schluß, greift eine Gruppe, ein »Chor« von Soldaten mit Beifalls-, Schmäh- oder Drohrufen in die Kontroversen ein. In den Gesprächen Levis mit seiner Freundin Rosa treten zwar politische Differenzen zutage, aber als eigentlicher Gegenspieler – als beider Gegenspieler – tritt der kommunistische Dogmatiker Karl Radek auf, Stalinist und strammer Gefolgsmann des Moskauer Zentralkomitees. Fast zu sehr in die Karikatur geht die Charakteristik der Regieanweisung: »ein feister Puck mit struppigem Haar, losem Gebiß, dicker Brille; affenähnlicher Gang, unordentliche Kleidung, rutschende Hosen«. Dieser ›Steckbrief‹ hält sich offensichtlich an Rosa Luxemburgs Wort vom »Harlekin« Radek. Doch ist Radek alles andere als eine Figur, die zum Lachen reizt; er vertritt die Linie des Zentralkomitees militant. Seine kämpferischen Losungen gegen einen humanitären Sozialismus und die Akklamation des Soldaten-Chors bestätigen sinnfällig Levis Vorwurf, daß die kommunistische Partei – er sagt »Sekte« – »insgeheim mit den Faschisten paktiert«.

Auf einer anderen Ebene bewegt sich der Dialog, sobald Käthe Kollwitz und Albert Einstein die Bühne betreten haben. Einstein – auch er von Geburt schwäbischer Jude wie Levi – begründet die Position eines bedingungslosen Pazifismus, während die Künstlerin Käthe Kollwitz überhaupt alle Parteiparolen verwirft, weil sie die

Wirklichkeit der Individuen und der Schwachen verfehlten. Zu bannen bleibt indessen auch bei diesen Dialogpartien die Gefahr, daß die Personen von Fleisch und Blut auf der Bühne zu bloßen Funktionen einer Dialogisierung historisch-politischen Wissens werden, zu bloßen Stimmen eines politischen Disputs. Um solcher Unterwanderung des Theaterstücks durch den Schulfunk gegenzusteuern, schafft Jens im politischen Streitgespräch Oasen des Privaten: eine versteckte Liebesszene zwischen Levi und Rosa in Form einer pflanzenkundlichen Prüfung, eine kleine Einlage mit aktueller Anspielung: die Lesung von Mörikes Wendehals-Gedicht, Beispiele der Empfänglichkeit Rosas für die Poesie des Alltags und der Straße, ein literarisches Spiel um »Aperçus aus zehn Jahrhunderten«, Levis und Einsteins Wiederbeschwörung der schwäbischen Heimatlandschaft und vor allem die traumhafte letzte Begegnung Levis mit seinem Vater Jacob.

Noch einmal arbeitet Levi an Formulierungen seines Plädoyers im Revisionsprozeß, aber halten wird er es nicht mehr. Man findet ihn tot vor dem Haus; er ist, offenbar im Fieberwahn, aus dem Fenster gestürzt. Der Schluß des *Requiems* zeigt den aufgebahrten Toten, umgeben von Freunden, aber auch von Gegnern: von Radek, der mit trotziger Miene die Faust ballt, und dem Chor der

Soldaten, deren Habacht-Stellung Angriffsbereit-schaft verrät. Das in Dunkelheit tauchende Tableau wird zum Gleichnis für die kommende »große Finsternis«.

Jens unterstellt in seinem Theaterstück von 1991 keine politische Verwandtschaft, geschweige denn Gleichheit von Kommunismus und Nationalsozialismus, wohl aber sieht er beide gleichermaßen als Totengräber eines demokratischen Sozialismus. Angedeutet bleibt ein anderer Vergleich: im Beharren auf der Unfehlbarkeit ihres Dogmas treffen sich die kommunistische Partei, die katholische Kirche und der islamische Fundamentalismus. – Zum Gegenstand kritischer Auseinandersetzung wurden kirchliche Dogmen schon im Prosaband *Der Fall Judas* (1975).

Judas gehört, als der »abtrünnige« Jünger, der »Verräter« Christi in eine Reihe Jensscher Gestalten, die in einer bestimmten überlieferten Sichtweise alle durch ihr Judentum wie durch ein Brandmal gekennzeichnet sind: Ahasver, als der zur Ruhelosigkeit verurteilte Ewige Jude, Rosa Luxemburg und Paul Levi als jüdische Linksintellektuelle. In seiner Besprechung des Buches »Der Fall Judas« (Frankfurter Allgemeine Zeitung, 3. 5. 1975) hat Heinrich Böll auf den merkwürdigen Widerspruch hingewiesen, daß dem Jünger Petrus seine dreimalige Verleugnung des Herrn

»den fast liebenswürdigen Kredit menschlicher Schwäche« einbrachte und daß er (nach kirchlicher Überlieferung) als Stellvertreter Christi zum Vorläufer aller Päpste werden konnte, also nie als »typisch jüdisch« galt, während Judas' Name geradezu zum Synonym für »Jude«, für den geldgierigen, verräterischen Juden wurde. Jens' *Fall Judas* ist, wie *Die rote Rosa* und *Ein Jud aus Hechingen,* ein ›Revisionsprozeß‹, nämlich der Versuch, mit einem eingebürgerten und zum Teil auch theologisch abgesegneten Judasbild zu brechen und Judas ganz aus seiner Funktion in der christlichen Heilsgeschichte zu verstehen.

Das geschieht in einer Form, die an Jens' letzten Roman *Herr Meister* erinnert, ihm sozusagen noch einmal Reverenz erweist. Der Autor des theologischen Traktats schlüpft in die Rolle des Erzählers. Im *Fall Judas* entfaltet Jens also ein fiktives Geschehen. Der Ich-Erzähler Ettore P., Theologe und Prokurator der Ritenkongregation in Rom, referiert für den Kardinalreferenten die 1962 übergebenen Akten zum Antrag eines Jerusalemer Franziskaners, Judas seligzusprechen, und nimmt selbst dazu Stellung. Dokumentierte Zeugenaussagen, theologische Gutachten, philologische Interpretationen, psychologische Erklärungen, Argumente und Gegenargumente verschlingen sich zu einem immer explosiver werdenden Duell, in dem schließlich der Judas-Anwalt zum Angeklagten und das Verfahren der Seligsprechung zum Ketzertribunal wird.

Der »ketzerische« Hauptgedanke faßt sich zusammen in dem Satz: »Ohne Judas kein Kreuz, ohne das Kreuz keine Erfüllung des Heilsplans.« Zum Kreuz, an dem Christus hing, gehört der Galgen (der Baum), an dem sich Judas erhängte. In Frage gestellt wird die Unantastbarkeit der Überlieferung, die Darstellung des Judas im Johannes-Evangelium: sie habe den »Charakter einer Exekution«. Aber der Glaubensanwalt der Kirche trumpft mit dem Dogma auf, dessen Szenarium die Rolle des Verräters braucht.

Jens gibt seinem *Fall Judas* andeutungsweise auch einen kirchengeschichtlichen Rahmen. Er läßt die Formulierung des Antrags auf Seligsprechung noch in die Amtszeit von Papst Johannes XXIII. fallen, in der sich der kirchliche Zentralismus lockerte und sich die katholische den anderen christlichen Kirchen öffnete. Die Gegenwart, von der her der Erzähler Ettore P. am Ende des Buches berichtet, ist die des Jahres 1974. Der liberale Kurs des 1963 gestorbenen Papstes hat unter Paul VI. wieder strafferem Zentralismus und strengerer päpstlicher Autorität Platz gemacht; für den Wandel symptomatisch ist die bedenkliche Lage des Erzählers selbst. Man hat

Ettore P., weil er dem Antragsteller, dem nun seinerseits als Judas und Verräter verfemten Franziskaner, Beistand leistete, seine kirchlichen Würden genommen. Der Erzähler, selbst der Verleumdung ausgeliefert, erkennt den Fall Judas als »Politikum« und bringt seine Quintessenz ins Gleichnis: Judas wird zur Chiffre für den inneren Feind überall dort, wo man in einer Partei, einer Glaubensgemeinschaft oder einer Gesellschaft einen Sündenbock braucht.

In seiner Besprechung des Buches merkt Heinrich Böll an, daß sich im *Fall Judas* ein Theaterstück oder eine Oper verberge. Weder der einen noch der anderen Anregung ist Jens gefolgt, wohl aber nimmt er das Judas-Motiv wieder auf in einem Monolog des Judas, der auch – mit Bruno Ganz in der Rolle des Judas – als Fernsehspiel gesendet wurde (1989) und 1989 unter dem Titel *»Ich, ein Jud«. Verteidigungsrede des Judas Ischarioth* am Eingang der drei Reden *Juden und Christen in Deutschland* und im Jahr darauf als *Rede des frommen Judas* im Band *Zu Gast bei Inge und Walter Jens* erschien.

Der Monolog hat seinen szenischen Ort in einem einfachen, teils als Mönchszelle, teils als Studierzimmer eingerichteten Raum. Ein großes Pestkruzifix bildet mit dem schmerzentstellten Gesicht Christi den optischen Mittelpunkt. Man hört von fern her die Musik von Bachs Matthäus-Passion; und als der Evangelist vom »Verrats«-Moment berichtet, von Judas' Worten »Gegrüßet seist du, Rabbi!«, richtet sich am Tisch des mönchischen Studierzimmers Judas auf und beginnt seinen Monolog. Es ist also bereits die Darstellung des Vorgangs in der Kunst, die Rezeptionsgeschichte der »Verrats«-Szene, die ihn zum Reden bringt.

Der zweite Titel, *Rede des frommen Judas,* bringt den Tenor der Verteidigungsrede auf den Punkt. Nicht mehr um die Erhebung zum Märtyrer, um das hehre Ziel einer Seligsprechung geht es hier, sondern nur noch um die Aufhebung des Schuldspruchs. Aber wieder orientiert sich die Beweisführung am heilsgeschichtlichen Auftrag. Als einen Akt gehorsamen Handelns erklärt Judas seine Tat, als einen »letzten Liebesbeweis« seinen »Verräter«-Kuß. Gegen die Verteufelung durch den Evangelisten Johannes protestiert er, gegen das Porträt eines finsteren Schufts. »Judas ist nichts ohne Jesus. Aber Jesus ist auch nichts ohne Judas. ... Wir hatten unseren Weg gemeinsam zu gehen – oder gar nicht.« Durch ihre heilsgeschichtliche Aufgabe waren »der Meister und sein Gesell ... aneinandergekettet, wie zwei Brüder«. Dieses kleine Ein-Personen-Spiel ist der Monolog eines Gejagten, dessen Verzweiflung sich zum

Ende hin steigert. Aber nicht das inbrünstige »Hilf mir, Herr! Erbarme dich meiner!«, zum Kruzifix hinaufgesprochen, ist der Kulminationspunkt, nicht die Verzweiflung über das erlittene Unrecht, sondern die Verzweiflung angesichts eines Zweifels – der Frage nämlich, ob nicht der Menschheit die Leidenskette, die Blutspur der zweitausendjährigen Geschichte mit ihren Glaubenskriegen erspart geblieben wäre, hätte er nein gesagt. Der Schluß des Monologs läßt einen ungetrösteten, angstvoll auf den Schmerzensmann blickenden Judas zurück. Judas' Frage an die Heilsgeschichte wird dem Zuschauer überantwortet.

Literatur am Grenzrain
zur Theologie

Deutlichen thematischen Vorrang räumen dem
jüdisch-christlichen Verhältnis und den Beziehungen zwischen Religion und Literatur (bzw.
Theologie und Literaturwissenschaft) Jens' Es-
saybände der achtziger Jahre ein: *Ort der Handlung ist Deutschland. Reden in erinnerungsfeindlicher Zeit* (1981), *Kanzel und Katheder. Reden*
(1984), *Juden und Christen in Deutschland*
(1989) sowie drei mit Hans Küng herausgegebe-
ne Bände, *Dichtung und Religion* (1985), *Theologie und Literatur* (1986, weiterer Herausgeber
Karl-Josef Kuschel) und *Anwälte der Humanität*
(1989). Sicherlich verdankt sich die neue Akzent-
setzung zu einem gut Teil der Freundschaft und
Zusammenarbeit mit dem katholischen Theologen Hans Küng, der bekanntlich in Konflikt mit
der Glaubensbehörde der römischen Kirche ge-
riet und seitdem – mit Jens zu sprechen – als
»Rebell« gegen die Orthodoxie »seine fides ca-
tholica bis zum letzten verteidigt«. Jens' Rede auf
Küng, *Ein Einzelner und die katholische Kirche*
(1978), wurde zum Plädoyer für eine Theologie
»im Zeichen des jesuanischen Dienstes«.

Der Literaturwissenschaftler Jens sieht das Verhältnis von Theologie und Literatur eher skeptisch, schließt sich dem Diktum des Pfarrers und Schriftstellers Kurt Marti an: Predigen ist eins, Dichten ein anderes; der Dichter kann weder »Schrittmacher der Gnade« noch »Hüter des Sakraments« sein. Dem Dialog zwischen Theologie und Literatur(wissenschaft) ziehe der »Graben zwischen den Disziplinen« seine Grenzen: die poetische Lizenz zur Subjektivität ist dem Theologen nur in bescheidenem Maße gestattet. Was Jens als Grenze bestimmt, versteht Hans Küng als »gegenseitige Herausforderung«. Beide suchen die Brücke über den »Graben« zu schlagen.

Jens' essayistische Prosa zeigt, daß sein theologisches nicht ohne ein humanitäres Interesse zu denken ist. Deshalb seine Treue zu Lessing, dem Autor des *Nathan*, der *Erziehung des Menschengeschlechts* und des *Anti-Goeze*, der Streitschriften gegen protestantische Orthodoxie, deshalb sein unablässiges Verweisen auf den »armen Jesus«, die Hoffnung der »Mühseligen und Beladenen«, der Schwachen und Verfolgten, deshalb bei der Bibelexegese die Heraushebung des »Gleichnisses vom barmherzigen Samariter«.

Ins Zentrum seiner Auslegung führt in Jens' eigener Übersetzung des Gleichnisses aus dem 10. Kapitel des Lukas-Evangeliums die Neufassung des Satzes, der am bekanntesten geworden ist in der Version »Du sollst deinen Nächsten lieben wie dich selbst«. Bei Jens lautet der Satz: »Lieben wirst du den, der ein Mensch ist wie du – dein Bruder!« Die »sprachtechnischen Mittel der Verfremdung« (»wirst du«, »ein Mensch wie du«) seien, so sagt Karl-Josef Kuschel (*Jesus in der deutschsprachigen Gegenwartsliteratur,* 1978, S. 216), »nicht rhetorisches Beiwerk, sondern konstitutive Verstehenselemente des Textes selbst«. Der Satz hat seine Funktion für die Entwicklung des Gedankens der Zusammengehörigkeit von Gottesliebe und Menschenliebe. Zu beachten bleibt aber hier eine Form der Rede, die Bertolt Brecht »gestisches Sprechen« genannt hat. In seinem Essay *Über reimlose Lyrik mit unregelmäßigen Rhythmen* (1939) erläutert Brecht diese Technik, die »ganz dem Gestus der sprechenden Person« folgt, an einem Beispiel aus Luthers Bibelübersetzung. Den Satz »Reiße das Auge aus, das dich ärgert« statte Luther gestisch viel reicher aus in der Formulierung »Wenn dich dein Auge ärgert: reiß es aus!« Der erste Satzteil enthalte eine Annahme, und erst nach einer kleinen Pause der Ratlosigkeit komme der verblüffende Rat.

Was in Jens' Übersetzung des Satzes aus dem *Gleichnis vom barmherzigen Samariter* das gesti-

sche Sprechen zunächst leistet, ist die demonstrative Gleichsetzung des »Nächsten« mit dem
»Menschen«, woraus umgekehrt folgt, daß alle
Menschen Nächste sind – ganz im Sinne der
Erklärung des Gleichnisses in einem Gedicht aus
dem achtzehnten Jahrhundert, von Barthold
Hinrich Brockes, auf das Jens verweist: alle Menschen »dieser Welt« sind »deine Nächsten«. Solche Zuspitzung ist von noch größerem Gewicht
in einer Zeit, wo uns die modernen Kommunika-
tions- und Informationssysteme zum Augen- und
Ohrenzeugen des Elends im entferntesten Winkel
der Erde machen, wo auch das Fernste zum Nächsten wird. Seine Pointierung aber erfährt in Jens'
Übersetzung des Satzes das gestische Sprechen
erst – nach einer Verzögerung durch den Gedan-
kenstrich – am Schluß: »dein Bruder!« Bild und
Begriff des Bruders intensivieren noch einmal den
Anruf des Nächsten, deuten die denkbar engste
Beziehung, die Bindungen der Menschheitsfami-
lie an, schlagen also auch die Brücke zur Huma-
nitätsreligion des achtzehnten Jahrhunderts, zur
Idee der Brüderlichkeit, so daß der christliche
Appell an die Nächstenliebe als Liebestat das
Handlungsgebot der Aufklärung mit in sich auf-
nimmt.
Lessing hat den Gedanken der Brüderlichkeit
auch auf das Verhältnis der Religionen zueinan-

der zu übertragen versucht. Am glücklichen Ende seines *Nathan* vereinigen sich die getrennten Geschwister und Verwandten – und somit die Vertreter des Judentums, des Christentums und des Islam – wieder zu einer Familie. Die Utopie dieses Schlusses ist, wie man weiß, blutig widerlegt worden durch das, wofür Auschwitz zum Symbol wurde, aber sie hat auch wenig Chancen unter dem Unstern eines neuen religiösen Fundamentalismus im Nahen Osten. Dennoch widerspricht Jens *(Nathan der Weise aus der Sicht von Auschwitz)* dem Ratschlag eines bedeutenden Bürgers des neuen Israel, Ernst Simon, dem »blassen und blutlosen Judenbild« Lessings, das eigentlich erst der Wirklichkeit des deutschen neunzehnten Jahrhunderts entsprochen habe, den Abschied zu geben und sich lieber an Heinrich Heines Shylock-Bild zu halten. Nathan sei, entgegnet Jens, keineswegs eine Schattenfigur, vielmehr ein »Jud aus Fleisch und Blut«, ein Kaufmann, der wie Moses Mendelssohn seine Zinsen eintreibe und sich tarnen müsse, der das »Außenseiterdasein seines Volkes« sichtbar mache und so »stellvertretend für die Unterdrükkung *aller* Minderheiten« stehe. Dennoch nötigt die geschichtliche Erfahrung auch Jens zur Einsicht, daß der Traum von deutsch-jüdischer »Symbiose« wohl eine Illusion bleiben mußte,

111

daß sich Brüderlichkeit nur als »Partnerschaft«
realisieren ließ.

Wie sehr Jens' theologisches Interesse mit dem
humanitären verschränkt bleibt, zeigen nicht zu-
letzt die Beiträge zu den Bänden *Dichtung und
Religion* und *Anwälte der Humanität*. Wo exemplarische Zwiegespräche zu verfolgen waren,
»die, über die Zeiten hinweg, Kierkegaard mit
Lessing und Pascal oder Kafka mit Kierkegaard
und Dostojewski führten«, blieb dem Theologen
Küng »im allgemeinen der Blick vom Olymp,
dem Literaturwissenschaftler die – nicht minder
ergiebige – Froschperspektive vorbehalten«; und
so erweist sich auch für den Literaturwissenschaftler das »versöhnende« Element von Religion als
widersprüchlicher denn für den Theologen. Jens
übernimmt das Thema so vieler Bemühungen um
antike Stoffe, das Friedensthema, auch in seine
Gryphius-, Hölderlin- oder Novalis-Interpreta-
tionen, spricht beispielsweise von Hölderlins ra-
dikaler »Friedenstheologie« und greift den Gedanken einer »Deutschen Friedensbibliothek«
auf.

Wo mit der Frage der Religion zugleich die Frage
der Humanität gestellt ist, werden fast immer
Differenz und Abstand zur kirchlichen Glaubens-
forderung offenkundig. Jens demonstriert eine
sich verschärfende Distanzierung am Werk dreier

»Anwälte der Humanität«: Thomas Mann, Hermann Hesse und Heinrich Böll. Zum erzählerisch-interpretatorischen Kabinettstück wird das Kapitel über *Die Buddenbrooks und ihre Pastoren* (Separatdruck des Kindler Verlags 1990), mit dem sich Jens selbst in der Spur Fontanes und Thomas Manns, der beiden Filigranmeister subtiler Ironie, bewegt. Der Symptomcharakter ironischer Sprache in den *Buddenbrooks* wird deutlich: Zeitlebens ist dem Autor die Amtskirche mit ihren Dogmen und Riten und dem Habitus ihrer Geistlichen suspekt geblieben. Als Konsequenz eines seit Mitte der zwanziger Jahre von Thomas Mann immer entschiedener vertretenen religiösen Humanismus sieht Jens den religiösen Ernst und die humanistische Emphase in »Doktor Faustus«. Aber er übersieht auch nicht das ironische Licht, das auf jene Szene aus Thomas Manns letzten Lebensjahren fällt, wo der getaufte Protestant, von Pius XII. zur Privataudienz empfangen, dem Papst durch Beugen der Knie und Küssen des Rings eine so gar nicht protestantische Reverenz erweist.

Im Essay über Hermann Hesse, *Rebellion gegen den Sonntagsgott,* stellt Jens den Autor als »erzreligiösen«, jedoch antiklerikalen, in pietistischer Welt aufgewachsenen und später in Mystizismus sich verlierenden Poeten vor, aber auch als einen

Heiligen der Bürgerwelt, dessen Abneigung gegen Politik jegliche Identifikation mit einer Résistance im Zeitalter des europäischen Faschismus verhinderte. Berührungsängste solcher Art hat, wie man weiß, Heinrich Böll nicht gekannt. Seiner »literarischen Theologie«, die sich auf den erbarmensfähigen Menschen richtet, fühlt Jens sich nahe: einer Theologie aus dem Geist der Bergpredigt. Zum Essay über das *Gleichnis vom barmherzigen Samariter* noch ein Buch über die Bergpredigt zu schreiben, bleibt für Jens Aufgabe und Wunsch (Walter Jens im Gespräch mit Beate Pinkerneil. Reihe *Zeugen des Jahrhunderts,* ZDF 7. 10. 1991).

Evangelien-Nachdichtung

Zum großen schriftstellerischen Unternehmen herangewachsen ist Jens' Übertragung des Neuen Testaments (der Evangelien), von der die Übersetzung des *Gleichnisses vom barmherzigen Samariter* nur ein Bruchstück war. Es liegen vor: *Am Anfang der Stall – am Ende der Galgen. Jesus von Nazareth, seine Geschichte nach Matthäus* (2. Aufl. 1972). *Das A und das O. Die Offenbarung des Johannes* (1987), *Die Zeit ist erfüllt. Die Stunde ist da. Das Markus-Evangelium* (1990), *Und ein Gebot ging aus. Das Lukas-Evangelium* (1991).

Jede neuere Bibelübersetzung hat sich mit der Lutherschen und mit deren Revisionen auseinanderzusetzen, hat sich an der Übersetzungstradition messen zu lassen. Selbstverständlich begleitet Jens auch seine Dolmetschertätigkeit durch Reflexion, zumal in seinen Essays *Martin Luther: Die deutsche Bibel einst und jetzt* (1980) und *Martin Luther. Prediger, Poet und Publizist* (1983), aber auch in der Gedenkrede *Christoph Martin Wieland: Probleme eines Übersetzers* (1979). Exemplarisch für die Bedingtheit jeglicher Bibelübersetzung ist ihm Luthers »geradezu verwegene Einseitigkeit«, seine »Parteilichkeit« etwa in der einhämmernden »Wiederholung bestimmter reformatorischer Schlüssel- und Schwerpunkt-Begriffe«: »Gnade« ist eine dieser »Bollwerk-Vokabeln«. Nicht zufällig gilt der »deutsche Psalter«, in dem sich Luther zu aller übersetzerischen auch noch die poetische Kühnheit nimmt, als Höhepunkt seiner Eindeutschung der Bibel.

Einen »schriftstellernden Rembrandt« nennt Jens Luther als den Chronisten der Alltagswirklichkeit in Wittenberg; als Polemiker mit »zermalmender Beredsamkeit« und »tollen Grobianismen« beschreibt er den Streiter gegen die Türken, Bauern, Juden oder Papisten, als einen Autor, der viele Schriftsteller in sich vereinigt: neben dem Polemiker und Satiriker den Psalmisten und den Balladen- und Kirchenlieddichter, den Rhetor und Briefeschreiber, den Disputator und Prediger – und eben den wirkungsmächtigen Übersetzer.

»Zurück zum Jahr 1545?« fragt Jens in seiner kritischen Abrechnung mit dem »Luther-NT« von 1975. Er verwirft die Arbeit der Revisoren von August Hermann Francke über die Eisenacher Kommission im neunzehnten Jahrhundert bis zu den Luther-Bibel-Gremien unserer Tage nicht grundsätzlich, billigt den Austausch von veralteten Vokabeln oder von Wörtern, die einen eklatanten Bedeutungswandel durchgemacht haben, und auch die unabdingbaren Eingriffe in den Satzbau. (Schon Luther selbst hätte wohl, wäre er achtzig Jahre alt geworden, radikale Operationen am eigenen Text vorgenommen.) Weder unantastbar noch ›heilig‹ also ist Jens das Lutherwort. Einspruch aber erhebt er gegen die Einebnung und Glättung von Widerborstigkeiten im »Luther-NT« von 1975, gegen das Schielen nach Eingängigkeit um jeden Preis, das Diktat der Angestelltensprache und die Ersetzung erzählender Predigersprache durch bare Information, rhythmischer Prosa durch Dudendeutsch, gegen die Verwandlung zerreißender Leidensszenen in andächtige Fritz-von-Uhde-Gemälde, kurz: gegen den untauglichen Versuch, »sich im Hier und Heute lieb Kind zu machen und dennoch ein klein bißchen Luther zu retten«. Biblische Rede, die auf einem ptolemäischen Weltbild und einer agrarisch geprägten, durch feste Hierarchien bestimmten Gesellschaftsform beruhe, bedürfe der abweisenden, »nicht nur den Text an den Leser, sondern auch den Leser an den Text heranführenden Übersetzung«; sie dürfe den Leser oder Hörer nicht in Ruhe lassen, sondern müsse ihn mit dem »Anderen« konfrontieren.

Keiner hat in unserem Jahrhundert der deutschen Sprache, indem er sie poetisch wieder aufrauhte,

so viel von Lutherscher Wortkraft zurückgegeben
wie Bertolt Brecht (der im Jahre 1928 auf eine
Rundfrage bekanntlich antwortete, daß es die
Bibel sei, von der er den stärksten Eindruck empfangen habe). Ohne die Belehrung durch Brecht
kommt deshalb für Jens heute kein Bibelübersetz-
zer aus. Aber die Reihe wird über Brecht hinaus
noch erweitert. Nur »mit Hilfe der von Pathos
und Präzision bestimmten Diktion zeitgenössischer Poesie« könne Bibelsprache in Luthers Bahnen bleiben. »Brechtsche Partizipia! Grasssche
Konjunktive! Weisssche Verse! Celansche Bilder!« – nur so lasse sich in der Übersetzung die
»Rätselferne« und in eins damit die »Präsenz« der
biblischen Ankündigung vermitteln. »Präsenz«
ist für Jens herzustellen ohne jene »falsche Aktua-
lisierung«, der Ernst Bloch im Essay über die
Klassikerrezeption *(Die Schaubühne, als paradig-
matische Anstalt betrachtet ...)* die echte entge-
gensetzt. Nicht darf die Gegenwart dem Text
»aufgepreßt« werden, wohl aber soll er »die Gegenwart mitbedeuten«.
Die Jensschen Übertragungen der Evangelien
präsentieren sich schon dem Auge als Texte in
rhythmisierter Prosa. Sie geben das in den Bibelübersetzungen übliche Zeilenbild der Prosa auf,
erscheinen mit ihrer wechselnden Zeilenlänge wie
moderne reimlose Versgebilde und bekennen sich

so zu ihrer poetischen Form. Für eine Kurzanalyse
seien aus dem Markus-Evangelium 1, 12 und 13
(Jesus muß nach seiner Taufe in die Wüste) die
Übersetzung Luthers in der Fassung von 1546,
eine heutige schriftstellerische Übersetzung von
Jörg Zink (*Das Neue Testament*, Stuttgart/Ber-
lin, 9. Aufl. 1978) sowie die Jenssche Fassung
zitiert:

VND bald treib jn der Geist in die wuesten,
vnd war alda in der wuesten vierzig tage, Vnd
ward versucht von dem Satan, vnd war bey den
Thieren, Vnd die Engel dieneten jm.

(Luther)

Sofort danach trieb ihn der Geist in die Wüste,
und er war vierzig Tage in der Einsamkeit,
bedrängt vom Satan. Er lebte mit den Tieren,
und die Engel dienten ihm.

(Zink)

Dann aber trieb ihn der Geist hinaus
in die Wüste:
Vierzig Tage war er in der Einsamkeit,
allein mit dem Satan, der ihn lockte:
»Komm zu mir!«,
und allein mit den Tieren.
Die Engel aber wachten über ihn.

(Jens)

119

Luthers Satzbau folgt dem Gesetz der Reihung; das fünfmalige »und« stellt eine Ordnung sowohl des Nacheinander wie des Nebeneinander her. Uns ist diese Satzgliederung aus dem Volkslied und aus anderer Volksliteratur vertraut; Luther hält sich also, obwohl das Lateinische seine »Denk- und Meditationssprache« geblieben ist, an die Hör- und Sprechgewohnheiten jener Menschen, die auch das Gemeindevolk waren. Nun hat die parataktische Reihung zugleich einen rhetorischen und poetischen Effekt: sie schafft Parallelismen und Anaphern (dreimal das »vnd war(d)«), die dem Prosagebilde insgeheim eine Versstruktur unterlegen, so daß sich die fünf Sätze wie eine fünfzeilige Strophe lesen lassen.

Die Übersetzung von Zink wirkt geschmeidiger; sie gibt die eindeutige parataktische Abfolge auf, fügt zumindest einen Nebensatz (den vom Partizip »bedrängt« bestimmten) ein und entfernt sich von der geheimen Versstruktur. Zink entscheidet sich für die Prosa, genauer: für eine rhythmisch gebändigte Prosa.

Jens führt den Ansatz der Lutherschen Fassung entschlossen weiter, treibt den Verscharakter heraus und kommt so tatsächlich zur fünfzeiligen Strophe. Der größere Umfang des Wortvolumens – man kann nicht von Aufschwellung sprechen – ergibt sich aus der stärkeren Tendenz zur Rhythmisierung (eindeutig im ersten Vers mit seinem daktylischen Duktus) und zur Veranschaulichung (im dritten Vers). Zink schwächt die Versuchungssituation zur Bedrängnis ab, Jens baut sie im Gegenteil zu einer kleinen Szene aus. Wieder beobachten wir »gestisches« Sprechen. Das Versucherische wird als Verlockung präzisiert, und dann folgt – zumindest für den Kenner anderer Bibelübersetzungen überraschend – der Lockruf selbst. Hier muß nicht, aber kann sich eine literarische Assoziation einstellen: die Erinnerung an die ›klassische‹ Darstellung der Verlockungs-, Überredungs- und Bedrohungssituation in Goethes »Erlkönig« – Satans »Komm zu mir!« als Variation von Erlkönigs »Geh mit mir!« Solche literarische Reminiszenz muß nicht vom Bibelwort ablenken. Sie kann umgekehrt in Satans Versuch das Verführerische verdeutlichen, eine böse magische Kraft, die in »Erlkönig« sogar einen tödlichen Ausgang der Umgarnung bewirkt. Bedenkt man diese Intensivierung des Bedrohlichen im dritten Vers, dann wird auch unmittelbar einleuchtend, warum Jens im fünften Vers nicht wie Luther und Zink die Engel dem Einsamen dienen, sondern sie über ihn wachen läßt. Jesus bei allen Verführungskünsten letztlich unter dem Schutz der Engel und damit des Vaters – das weist auf die der Strophe vorausgehenden

Verse zurück, wo die Stimme aus dem Himmel ruft:

»Du bist mein Sohn,
bist der Geliebte,
und ich freue mich an dir.«

Und zugleich weisen die äußerste Erprobung und das letztliche Aufgehobensein in der väterlichen Obhut schon auf die Szenen am Kreuz voraus.

Der Vergleich konnte ein Zweifaches zeigen: einen literarisierenden Zug der Übersetzung, dazu eine innere Stimmigkeit des poetischen Textes. Weicht Jens in Wortwahl und Satzbau weitaus stärker von Luther ab als etwa Jörg Zink, so bietet er doch ein Äquivalent für das, was im Verlaufe der Revisionen aus der Lutherbibel allmählich verschwand. Luther hatte sehr wohl begriffen, daß die Bibel nicht nur ein heiliger, sondern auch ein dichterischer Text sei, wobei für ihn selbstverständlich das Dichterische immer im Dienst der Verkündigung blieb. Wie Jens in einer seiner *Republikanischen Reden* die *Evangelisten als Schriftsteller* wertet, so wollen also seine Übersetzungen der Evangelien zwar nicht nur, aber auch als literarische Dokumente verstanden werden.

Nicht in jedem Falle muß seine Abweichung von der neuen Lutherbibel eine Verbesserung sein. In

122

der Weihnachtsgeschichte (Lukas 2, 1 –14), wohl dem bekanntesten biblischen Text, heißt es im Bericht über Josephs Reise von Nazareth nach Bethlehem in der Lutherschen Fassung von 1522: »auff das er sich schetzen ließe mit Maria, seynem vertraweten weybe, die gieng schwanger«, in der Fassung von 1546: »Auff das er sich schetzen liesse mit Maria seinem vertraweten Weibe, die war schwanger.« In der Weihnachtsgeschichte »nach Martin Luther« bleibt der Wortlaut fast vollständig erhalten: »auf daß er sich schätzen ließe mit Maria, seinem vertrauten Weibe, die war schwanger.« (Es begibt sich aber zu der Zeit. Texte zur Weihnachtsgeschichte, hg. von Walter Jens, 1989.) Jens aber übersetzt so:

»und wollte sich eintragen lassen:
zusammen mit Maria,
die seine Braut war
und ein Kind erwartete.«

Nach meiner Erfahrung und meinem Sprachgefühl ist das Wort »schwanger« aus unserem Wortschatz nicht verschwunden, auch wenn eine Spur des Altertümlichen ihm anhaften mag; auf keinen Fall ist es als poetische Vokabel schon verbraucht. Ich gestehe, daß mir die Luthersche Version, die einen Zustand noch durch ein Bewegungselement anreichert (»gieng schwanger«), die liebste ist; aber vielleicht besitzt sie schon ein Gran von Anschaulichkeit zuviel, so daß man Luthers endgültiger Fassung den Vorzug geben mag. Überrascht hat mich, daß sich Jens ausgerechnet gegen die demonstrative »gestische« Form des letzten Satzglieds, »die war schwanger«, entschieden hat. Ist doch die vom Engel verkündete Schwangerschaft, die jungfräuliche Schwangerschaft, zusammen mit der Geburt Jesu das ganz außerordentliche Ereignis der Weihnachtsgeschichte. Das läßt Luther in der »gestischen« Form seiner Mitteilung sinnfällig, hörbar werden. Jens verdeutlicht zwar noch das Motiv einer Schwangerschaft, die nicht der Regel entspricht, nimmt jedoch ein mögliches Mißverständnis in Kauf: die Vorstellung einer vorehelich Schwangeren, einer Braut, die – wie es umgangssprachlich heißt – »heiraten muß«. Vor allem aber: während bei Luther die rhythmische Bewegung der Sprache auf den Bedeutungsschwerpunkt »schwanger« hinführt, fällt bei Jens am Schluß, zumal in den zwei unbetonten Silben des Worts »erwartete«, die rhythmische Spannung ab.

Der kritische Vergleich, der die Bibelstelle als literarischen Text behandelt, sollte nicht als Beckmesserei mißdeutet werden. Er vermittelt eine Ahnung von den unendlichen Schwierigkeiten,

124

die ein durch exegetische und übersetzerische Traditionen so beschwerter Text wie die Bibel Wort für Wort und Satz für Satz bereithält – zumal dann, wenn eine neue poetische Sprache für die Bibel erst noch gefunden werden muß. Man hat gegen Jens' Bibel-Übertragungen den Vorwurf der Ästhetisierung erhoben, hat ausladende Bilder und rhetorischen Schmuck, auch irreführende Textauslegung bemängelt. Der Theologe muß immer auf die bestmögliche wörtliche Übersetzung dringen, dem Dichter wird es immer um einen zusätzlichen, einen »Mehrwert« poetischer Sprache gehen. Dieser Streit ist alt und ungeschlichtet.

Dem Vorwurf der »Parteilichkeit« stellt sich Jens, indem er indirekt mit der Parteilichkeit auch der Lutherschen Übertragung sich rechtfertigt. Die Friedensidee, um die ein so großer Teil der Jensschen Schriften kreist, bestimmt immer wieder Textnuancierungen der Bibelübertragung mit – ein aus der jesuanischen Liebe des Neuen Testaments gewonnenes Friedensverständnis wie auch ein Friedenswille im Geiste der politisch oppositionellen »Friedensbewegung« der letzten Jahrzehnte. – Unvergleichlich ist Jens' Übertragung von Teilen des Neuen Testaments als der einzig zählende Versuch einer dichterischen Erneuerung der Deutschen Bibel in unserer Zeit.

Voilà –
un homme de lettres

Sich als Christ bekennen und der Antike verbunden bleiben: so versteht Jens seine schriftstellerische Arbeit. Nicht als Fluchtraum dient ihm die griechisch-römische Kultur, nicht als Schule für Antiquare die Klassische Philologie. Exemplarisch ist, so sagt er als »*Zeuge des Jahrhunderts*« (ZDF, 7. 10. 1991), das antike Menschenbild dadurch, daß es zeigt, wie gewaltig der Mensch sein, zu welchem Ungeheuer er aber auch werden kann: die Größe des Menschen besteht in seiner Fallhöhe. Keine Zeit war dieser Erfahrung näher als die unsere. Wenn Jens seine literarischen Stoffe in der Vergangenheit sucht, so aus der Überzeugung, daß sich im Verhältnis des Gestern und des Heute mehr von der Gegenwart offenbart als in deren Unmittelbarkeit.

Mit der Variation alter Stoffe und dem Rückgriff auf historische Quellen verzichtet Jens auf eine schriftstellerische Jagd nach heutigen Lebensabenteuern. Lesen und Schreiben, so gesteht er nicht ohne Selbstironie, seien seine Primärerlebnisse; und auch die Ansicht seiner beiden Söhne Tilman und Christoph, daß er als Schriftsteller von Erfahrungen aus zweiter Hand lebe, zitiert er inzwischen mit Gelassenheit. Immerhin sind fehlendes Fernweh und eine geringe Reiselust nicht die schlechtesten Antibiotika gegen die Hektik im Zeitalter des Tourismus.

Zum Eremiten freilich taugt der Rhetorikprofessor und »republikanische Redner« nicht. So öffneten die berühmten Literaturvorlesungen den Tübinger Hörsaal für eine große Öffentlichkeit, so tauschte Jens immer wieder die Lehr- mit der Kirchenkanzel, so warnte er auf dem Rednerpodium des Berliner SPD-Parteitages 1979 vor der Preisgabe von Grundrechten des einzelnen. Und so begegnete er von Anfang an den neuen technischen Medien ohne Vorurteil und hielt nichts von der Herablassung vieler Intellektueller gegen das »Pantoffelkino«, arbeitete vielmehr für die Fernsehspiel-Redaktionen und machte sich unter dem Pseudonym Momos als Kritiker in der »Zeit« um den besseren Ruf sowohl des Fernsehens selbst wie der Fernsehkritik verdient.

Längst zur literarischen und zugleich kritischen Instanz geworden, scheute er auch die Zerreißprobe eines Amtes nicht, das um 1976 Prellbock der gegensätzlichsten Interessen war – er ließ sich als Nachfolger von Hermann Kesten zum Präsidenten des PEN-Zentrums der Bundesrepublik Deutschland wählen (Präsident bis 1982, noch

127

einmal Interimspräsident 1988/89). Es gelang ihm, die ideologischen Auseinandersetzungen einzugrenzen und allmählich eine Literarisierung in der Arbeit des Verbandes durchzusetzen. In ungeahnte Turbulenzen brachte ihn die Wahl zum Präsidenten der Westberliner Akademie der Künste im Jahre 1989. Die Vereinigung der Bundesrepublik und der DDR (1990) gebot auch den Zusammenschluß der Akademien der Künste in West- und Ostberlin, aber die kulturelle Wiedervereinigung Deutschlands erwies sich als ungleich schwieriger denn die politische. Die En-bloc-Übernahme der Ostberliner Akademie, der auch nach dem Austritt von Hermann Kant immer noch Stützen und Parteigänger des SED-Regimes angehörten, mußte Widerspruch, vor allem den Protest der aus der DDR ausgebürgerten Schriftsteller und Künstler herausfordern; die En-bloc-Ablehnung (bis zur eventuellen Einzelwahl) hätte den Mitgliedern der Ostakademie pauschal die künstlerische Qualifikation abgesprochen und als Diktat gewirkt. Eine konfliktlose, eine salomonische Lösung konnte es nicht geben. Das unselige geistige Erbe der Teilung Deutschlands, kaum irgendwo ist es so schlagend demonstriert worden wie im Lehrstück der ›geteilten‹ Akademie der Künste.

In der Polemik gegen Jens, den Befürworter der

128

En-bloc-Übernahme, lebten sicherlich auch ältere Vorbehalte seiner Gegner wieder auf. Man erinnerte sich vielleicht an Photos von der Blokkade der amerikanischen Kaserne in Mutlangen, die Inge und Walter Jens an der Seite von Annemarie und Heinrich Böll zeigen; und wir wissen heute mehr als damals über die Absichten des östlichen Staatssicherheitsdienstes, die »Friedensbewegung« für seine Strategie der »Destabilisierung« der westlichen Demokratie zu mißbrauchen. Aber Jens und Böll gehörten nicht zu denen, die gegenüber dem amerikanischen das sowjetische Wettrüsten für das kleinere Übel hielten. Im Ohr haben mochte man noch die Rede *Das Land der Sieger weitab von der Paulskirche, weitab von Weimar* (*Juden und Christen in Deutschland. Drei Reden,* 1989), in der Jens die Teilung Deutschlands akzeptierte (allerdings auch – was mitgehört werden muß – bei der DDR die Rückkehr zu den »Errungenschaften der bürgerlichen Revolution von 1789« einklagte). Aber wie viele Analysen und Vorhersagen auf der Grundlage des Wissens- und Bewußtseinsstandes von 1988 haben sich schon 1990 als brüchig oder illusionär enthüllt. Wer überhaupt möchte zu den Prognosen, auf die er Wetten abgeschlossen hätte, nach den Ereignissen einer plötzlich galoppierenden Geschichte noch stehen.

Jens hat, ohne mit der Tatsachenentscheidung der Geschichte zu hadern, kein Hehl daraus gemacht, daß er sich die deutsche Wiedervereinigung als einen Prozeß langsamen Aufeinanderzugehens gewünscht hätte. Die Bilanz, die er aus den Ereignissen der historischen »Wende« zieht, faßt er im Gespräch mit Beate Pinkerneil zusammen: ein diskreditierter Begriff von Sozialismus habe »abgewirtschaftet«, ihm selbst aber sei es als Christ nicht möglich, ohne Utopie zu leben. Dieses utopische Existenzminimum, das nach dem Zusammenbruch der großen, auf das »Alles oder nichts« eingeschworenen Utopien verbleibt, gibt den Gedanken der Brüderlichkeit nicht preis.

Im Gegensatz zu jenen utopischen Entwürfen, deren Gleichheitsidee darauf gerichtet ist, das Individuum zu uniformieren und zu bevormunden, geht Jens' Vorstellung einer gerechten Gesellschaft von der Mündigkeit und Unantastbarkeit des einzelnen aus, so daß es kein Wohl des Ganzen geben kann, wenn auch nur einer unterdrückt wird. Dieses Selbstbestimmungsrecht des einzelnen setzt nicht nur Freiheit gegenüber geistiger, religiöser und politischer Vormundschaft, sondern auch die Befreiung von wirtschaftlich-sozialem Druck voraus. Hier wird Jens' Wahlverwandtschaft zu dem Autor offenkundig, der wie kein anderer deutscher Schriftsteller zuvor in seinen Dichtungen und Essays die großen Ideen der Religion und Philosophie auf ihre »soziale Wichtigkeit« geprüft und zumal die Gedanken der Aufklärung auf ihre sozialen Folgerungen hin ausgelegt hat: Heinrich Heine. Nicht als Gotteslästerung zu verstehen sind ja die Verse im ersten Caput von Heines *Deutschland. Ein Wintermärchen:* »Ein neues Lied, ein besseres Lied,/O Freunde, will ich Euch dichten!/Wir wollen hier auf Erden schon/Das Himmelreich errichten.« Denn dieses »neue Lied« wird dem »Entsagungslied«, dem »Eiapopeia vom Himmel«, der billigen Jenseitsvertröstung entgegengesetzt. Es ist der beim Wort genommene Gedanke der Bergpredigt – »Es wächst hienieden Brot genug/Für alle Menschenkinder« –, auf dessen Verwirklichung Heine dringt.

In einem Fernsehspiel, dem Totengespräch *Der Teufel lebt nicht mehr, mein Herr* (1979), führt Jens zwei seiner Vorzugsschriftsteller zum Dialog zusammen: Lessing und Heine. Als seine »Hausautoren« hat er Lessing und Fontane bezeichnet, dazu Thomas Mann, der zumal für seine Frau Inge Jens, die verdienstvolle Herausgeberin der Tagebücher Thomas Manns, zum »Hausautor« geworden ist. Und auf die Frage, wen er selber sich wohl als Partner eines imaginären Gesprächs wünschen würde, fiel die Entscheidung nicht schwer: Heinrich Heine. Tatsächlich ließe sich ein geistreicher Disput zwischen ihnen denken. Beide stehen, Heine als Ironiker und Jens als Rhetoriker, einer hermetischen Literatur gleich fern; beide scheuen sich nicht, – Heine in der Zeitung und in Zeitschriften, Jens außerdem auf dem Podium – jene Öffentlichkeit zu suchen, die von Vertretern und Anwälten einer pontifikalen Dichtung verächtlich als »Straße« oder »Markt« abgetan wird. Beide sammeln um sich kein auserlesenes Publikum, Heine als ein Erbe des deutschen Volkslieds schon gar nicht und Jens auch dann nicht, wenn er alle Register seiner Bildung zieht. Sie kultivieren jeweils für ihre Zeit einen essayistisch-literaturkritischen Stil, der Niveau und Verständlichkeit verbindet. Beide würden im Dialog – auch wenn sich Jens ab und an über zu langen Satzperioden und zu vielen Fremdwörtern ertappen sollte – in einem hellen und durchsichtigen Deutsch so miteinander parlieren, daß der Hörer sein blankes Vergnügen daran hätte. Denn beide beherrschen das Instrument der deutschen Sprache mit einer Virtuosität, zu der auch das Spielerische und der gelegentliche Selbstgenuß des Artistischen gehören.

Seit mehr als vier Jahrzehnten wohnt Jens in Tübingen. Selbst dem Ruf in die Heimatstadt Hamburg, auf die Lessing-Professur der Universität (1981), folgte er nicht. Der Universität Tübingen hat er, in Zusammenarbeit mit Inge Jens, ihre Geschichte geschrieben (*Eine deutsche Universität. 500 Jahre Tübinger Gelehrtenrepublik,* 1977). Könnte man sich Heinrich Heine statt in Paris auch für Jahrzehnte in Tübingen denken? Wohl nicht. Und doch gibt es einen Vermittler zwischen dem Bewohner der Weltstadt an der Seine und dem der Universitätsstadt am Neckar: den von Heine seiner aufrechten Haltung wegen hochgeachteten Ludwig Uhland, den Dichter und zeitweiligen Tübinger Professor für Philologie, den politisch oppositionellen Abgeordneten und Mitstreiter im Kampf um die württembergische Verfassung. Vom Fenster seines Arbeitszimmers aus erblickt Jens bei guter Sicht Uhlands berühmte Kapelle (»Droben stehet die Kapelle«) – als Erkennungs- und auch Mahnzeichen eines verwandten Autors und einer guten deutschen Gelehrten- und Schriftstellertradition. Unter den Kommunikationsbedingungen der Gegenwart ist die alte Entgegensetzung von Hauptstadt und Provinz, geistigem Zentrum und geistiger Peripherie hinfällig geworden. Jens exemplifiziert in Tübingen Weltbürgertum und jenes Verständnis von »Weltliteratur« als »Brückenschlag«, das er als Herausgeber in der Einleitung zu *Kindlers Neuem Literatur Lexikon* entwickelt – aus den

133

Anmerkungen von Goethe, dem Einwohner einer bekanntlich kleinen deutschen Residenzstadt.

Geistige und literarische Urbanität ist an keinen Ort gebunden. Nimmt man das Gedicht aus, so läßt sich kaum eine Form literarischer Äußerung finden, die Jens nicht beherrschte. Roman und Erzählung, Drama, Hör- und Fernsehspiel, wissenschaftliche Abhandlung, Essay sowie Literatur- und Medienkritik, akademischer Vortrag, Lobrede und Nachruf, literarisches Porträt, politische Rede und Predigt, Übersetzung, Nachdichtung und Bearbeitung – auch mit den Nischen der Wortkunst noch ist Jens vertraut. Viel- oder gar Allseitigkeit kann auch verdächtig sein, hier jedoch bestimmt sie den Rang eines Schriftstellers. Jens ist nicht unbedingt Matador in den Einzeldisziplinen, aber niemand wartet mit einem vergleichbaren Ensemble literarischer Fähigkeiten auf (»Meister im Mehrkampf« habe ich ihn an anderer Stelle genannt). Als einen Literaten – das Wort hat freilich in Deutschland einen zu negativen Beiklang –, als *homme de lettres* sieht Jens sich selbst. Dies ist er in des Wortes umfassender Bedeutung.

Verzeichnis der Werke von Walter Jens
zusammengestellt von Uwe Karbowiak

1. Prosa

Walter Freiburger, *Das weiße Taschentuch*, Hamburg 1947; wieder abgedruckt: Walter Jens, *Das weiße Taschentuch*, Stuttgart 1988.

Nein – Die Welt der Angeklagten. Roman, Hamburg/Stuttgart/Baden-Baden 1950; München 1968; München 1977.

Der Blinde, Hamburg 1951; wieder abgedruckt in: *Vergessene Gesichter. Der Blinde*. Zwei Romane, München 1976, S. 247–321.

Vergessene Gesichter. Roman, Hamburg 1952; wieder abgedruckt in: *Vergessene Gesichter. Der Blinde*. Zwei Romane, München 1976, S. 7–246.

Sonntagnachmittag um drei. Erzählung, in: *Im Rasthaus. 32 deutsche Erzählungen aus dieser Zeit,* hg. v. der Notgemeinschaft der Deutschen Kunst e. V. Berlin, Berlin 1954, S. 212–215.

Der Mann, der nicht alt werden wollte. Roman, Hamburg 1955; Reinbek bei Hamburg 1963.

Das Testament des Odysseus. Erzählung, Gütersloh 1961; wieder abgedruckt in: *Zur Antike,* München 1978, S. 225–282.

Die Götter sind sterblich, Pfullingen 1959; wieder abgedruckt in: *Zur Antike,* München 1978, S. 137–223.

Herr Meister. Dialog über einen Roman, München 1963; Frankfurt a. M./Berlin/Wien 1974.

Bericht über Hattington, in: *Herr Meister. Dialog über einen Roman,* München 1963; wieder abgedruckt in: *Verteidigung der Zukunft. Deutsche Geschichten 1960-1980;* erw. Ausg. München 1980, S. 126–129.

Der Fall Judas, Stuttgart 1975.

2. Hörspiele, Fernsehspiele, Theaterstücke

Ein Mann verläßt seine Frau. Hörspiel, 1951 (Manuskript), Erstsendung: 1951, SWF.

Der Besuch des Fremden. Hörspiel, 1952, in: *Sechzehn deutsche Hörspiele,* Auswahl und Nachwort v. Hansjörg Schmitthenner, München 1962, S. 185–218.

Alte Frau im Grandhotel. Hörspiel, 1953 (Manuskript), Erstsendung: 1955, BR/HR.

Ahasver. Hörspiel, Hamburg 1956, in: *Sechzehn deutsche Hörspiele,* Auswahl und Nachwort v. Hansjörg Schmitthenner, München 1962, S. 7–40.

Seine Majestät Mr. Seiler. Hörspiel, 1956 (Manuskript), Erstsendung: 1956, Rias Berlin.

Tafelgespräche. Hörspiel, 1956 (Manuskript), Erstsendung: 27. 11. 1956, BR.

Der Telefonist. Hörspiel, in: Hörspielbuch 1957, Frankfurt a. M. 1957, S. 45–80.

Die rote Rosa. Fernsehspiel, 1966 (Manuskript), Erstsendung: 1. 9. 1966, BR.

Die Verschwörung. Fernsehspiel, Erstsendung: 1969, in: *Die Verschwörung. Der tödliche Schlag.* Zwei Fernsehspiele, München 1974, S. 7–55; wieder abgedruckt in: *Zur Antike,* München 1978, S. 283–330.

Der tödliche Schlag. Fernsehspiel, Erstsendung: 1975, in: *Die Verschwörung. Der tödliche Schlag.* Zwei Fernsehspiele, München 1974, S. 57–141; wieder abgedruckt in: *Zur Antike,* München 1978, S. 331–412.

Der Ausbruch. Libretto, Tübingen-Bebenhausen 1975 (aufgeführt am 25. 8. 1975 in Bayreuth).

Zwischentexte zu Eduard Mörikes Libretto *Die Regenbrüder* (Manuskript).

Der Teufel lebt nicht mehr, mein Herr! Ein Totengespräch zwischen Lessing und Heine, in: Die Deutsche Bühne 5, 1979, S.57–63; Erstsendung: 1979; wieder abgedruckt in: *In Sachen Lessing.* Vorträge und Essays, Stuttgart 1983, S. 62–90.

Frau Jenny Treibel, Erstsendung 1982 (Fernsehbearbeitung des gleichnamigen Romans von Theodor Fontane).

Roccos Erzählung. Zwischentexte zu *Fidelio* von Ludwig van Beethoven, Stuttgart 1985.

Mike, Tracy und der Wüstensturm. Hörspiel, 1991 (Manuskript), Erstsendung: 1991, BR.

Paul Levi. Ein Jud aus Hechingen. Theaterstück, 1992.

3. Nacherzählungen, Übersetzungen, Bearbeitungen

Ilias und Odyssee. Nacherzählt von Walter Jens, Ravensburg 1958, 15. Aufl. 1992.

Sophokles. Antigone, (Bühnenmanuskript) Wien/München/Basel o. J. (Uraufführung: Karlsruhe 1958).

Sophokles. König Oedipus, (Bühnenmanuskript) München/Wien/Basel o. J. (Uraufführung: Celle 1963).

Sophokles. Ajas, (Bühnenmanuskript) München/Wien/Basel o. J. (Uraufführung: Hamburg 1965); in: *Zur Antike,* München 1978; S. 435–480.

Am Anfang der Stall – am Ende der Galgen: Jesus von Nazareth, seine Geschichte nach Matthäus, Stuttgart 1972.

Der barmherzige Samariter, übers. v. Walter Jens, in: *Der barmherzige Samariter,* hg. v. Walter Jens, Stuttgart 1973, S. 7 f.; wieder abgedruckt in: *Kanzel und Katheder.* Reden, München 1984, S. 153–162.

Aischylos. Die Orestie. Agamemnon/Die Choephoren/Die Eumeniden. Eine freie Übertragung von Walter Jens, München 1979.

Der Untergang. Nach den Troerinnen des Euripides, München 1982.

Die Verschwörung. Neubearbeitung des Philoktet für die Hamburger Kammerspiele, 1986.

Das A und das O. Die Offenbarung des Johannes, Stuttgart 1987.

138

Die Zeit ist erfüllt. Die Stunde ist da. Das Markus-Evangelium, Stuttgart 1990.

Und ein Gebot ging aus. Das Lukas-Evangelium, Stuttgart 1991.

4. Sonstige Buchveröffentlichungen und Herausgeberschaften

Die Stichomythie in der frühen griechischen Tragödie, München 1955 (Zetemata 11. Monographien zur klassischen Altertumswissenschaft).

Hofmannsthal und die Griechen, Tübingen 1955.

Statt einer Literaturgeschichte, Pfullingen 1957/1962/1978; München 1990; Inhalt:
  - Mythos und Logos. Dichtung im zwanzigsten Jahrhundert, S. 11–20
  - Uhren ohne Zeiger. Die Struktur des modernen Romans, S. 21–54
  - Der verlassene Olymp. Die Perspektive im Roman, S. 55–84
  - Verkleidete Götter. Antikes und modernes Drama, S. 85–112
  - Der Mensch und die Dinge. Die Revolution der deutschen Prosa, S. 113–137
  - Erwachsene Kinder. Das Bild der Jugendlichen in der modernen Literatur. S. 139–163
  - Der Gott der Diebe und sein Dichter. Thomas Mann und die Welt der Antike, S. 165–183
  - Betrachtungen eines Unpolitischen. Thomas Mann und Friedrich Nietzsche, S. 185–211
  - Mathematik des Traums. Hermann Broch, S. 213–233
  - Sektion und Vogelflug. Gottfried Benn, S. 235–257
  - Poesie und Doktrin. Bertolt Brecht, S. 259–290

Moderne Literatur– moderne Wirklichkeit, Pfullingen 1958.

Deutsche Literatur der Gegenwart. Themen, Stile, Tendenzen, München 1961.

Zueignungen. 11 literarische Porträts, München 1962.

Von deutscher Rede, München 1962, erw. Neuausgabe München/Zürich 1983; Inhalt:

– Herakles als Nothelfer: Peter Weiss, S. 286–303.

Literatur und Politik, Pfullingen 1963 (Opuscula aus Wissenschaft und Dichtung 8).

Euripides/Büchner, Pfullingen 1964 (Opuscula 21).

Bericht über eine Messe, vorgelegt von Walter Jens. Zur Frankfurter Buchmesse 1968, Stuttgart 1969.

Die Bauformen der griechischen Tragödie, hg. v. Walter Jens, München 1971 (Beihefte zur Poetica 6).

Fernsehen – Themen und Tabus. Momos 1963–1973, München 1973.

Der Fall Judas, Stuttgart 1975.

Republikanische Reden, München 1976; Inhalt:

- Die christliche Predigt: Manipulation oder Verkündigung? S. 11–29
- Die Evangelisten als Schriftsteller, S. 30–40
- Antiquierte Antike? Perspektiven eines neuen Humanismus, S. 41–58
- Literatur: Möglichkeiten und Grenzen, S. 59–75
- Wir Extremisten. Antwort an den Bundespräsidenten, S. 76–80
- Phantasie und gesellschaftliche Verantwortung: Zur literarischen Situation in der Bundesrepublik, S. 81–92
- Ehrenrettung eines Kritikers: Sixtus Beckmesser, S. 93–100
- Der Rhetor Friedrich Nietzsche, S. 101–112
- Der letzte Bürger: Thomas Mann, S. 113–129
- Plädoyer für einen Pluralismus der Wissenschaft, S. 130–139

- Wider die Isolation, S. 139–146
- Praeceptor Germaniae: Axel Caesar Springer, S. 147–150
- Zehn Pfennig bis Endstation. Der öffentliche Personennahverkehr in Geschichte und Gegenwart, S. 151–176
- Fußball: Versöhnung mitten im Streit?, S. 177–187
- Vorbei, die Eimsbütteler Tage. S. 188–192.

Eine deutsche Universität. 500 Jahre Tübinger Gelehrtenrepublik, München 1977.

- *Zur Antike,* München 1978; Inhalt:
- Die griechische Literatur. Essay, S. 15–29
- Strukturgesetze der frühen griechischen Tragödie. Essay, S. 30–45
- Euripides. Essay, S. 46–77
- Verkleidete Götter. Antikes und modernes Drama. Essay, S. 78–99
- Lessing und die Antike. Essay, S. 100–118
- Der Gott der Diebe und sein Dichter. Thomas Mann und die Welt der Antike. Essay, S. 119–135
- Die Götter sind sterblich. Reisebericht, S. 137–224
- Das Testament des Odysseus. Erzählung, S. 225–282
- Die Verschwörung. Fernsehspiel, S. 283–330
- Der tödliche Schlag. Fernsehspiel, S. 331–412
- Sophokles und Brecht. Dialog, S. 413–434
- Der Ajas des Sophokles. Freie Bühnenübertragung, S. 435–480.

Walter Jens/HAP Grieshaber, *Jesus von Nazareth,* Stuttgart 1978.

Um nichts als die Wahrheit. Deutsche Bischofskonferenz contra Hans Küng. Eine Dokumentation, hg. u. eingel. v. Walter Jens, München 1978, Einleitung: S. 7–21.

Assoziationen. Gedanken zu biblischen Texten, hg. v. Walter Jens, 11 Bände, Stuttgart 1978 ff.

Warum ich Christ bin, hg. v. Walter Jens, München 1979; Vorwort: S. 7–16.

Literatur und Kritik. Aus Anlaß des 60. Geburtstages von Marcel Reich-Ranicki, hg. u. mit einem Vorwort versehen v. Walter Jens, Stuttgart 1980, Vorwort: S. IX–XVII.

Ort der Handlung ist Deutschland. Reden in erinnerungsfeindlicher Zeit, München 1981; Inhalt:
  – Eine freie Republik?, S. 13–19
  – Stadt und Staat als Kunstwerk, S. 20–30
  – Volksbefreiung durch Volksbildung?, S. 31–42
  – Die olympischen Spiele als Politikum, S. 43–54
  – Christliche Religion und Religion Christi, S. 57–64
  – Jesus und die Frauen, S. 65–71
  – Ein Einzelner und die katholische Kirche, S. 72–85
  – Auf ein christliches Krankenhaus, S. 89–106
  – Auf ein humanistisches Gymnasium, S. 107–125
  – Auf ein deutsches Theater, S. 126–143
  – Martin Luther: Die deutsche Bibel einst und jetzt, S. 147–164
  – Gotthold Ephraim Lessing: Theologie und Theater, S. 165–184
  – Christoph Martin Wieland: Probleme eines Übersetzers, S. 185–191
  – Auf einen Politiker: Carlo Schmid, S. 195–203
  – Auf einen Schriftsteller: Hans Werner Richter, S. 204–214
  – Auf einen Verleger: Helmut Kindler, S. 215–223
  – Auf einen Publizisten: Eugen Kogon, S. 224–231.

Die kleine große Stadt– Tübingen. Texte von Inge und Walter Jens, Stuttgart 1981.

Frieden. Die Weihnachtsgeschichte in unserer Zeit, hg. v. Walter Jens, Stuttgart 1981, Einleitung: S. 9–13, und: *Hoffnungszeichen und Richtspruch,* S. 67–81.

In letzter Stunde. Aufruf zum Frieden, hg. v. Walter Jens, München 1982; S. 7–26: *Appell in letzter Stunde.*

Klassenlektüre. 106 Autoren stellen sich vor, hg. v. Walter Jens und Bernt Engelmann, München 1982.

In Sachen Lessing. Vorträge und Essays, Stuttgart 1983.

Kanzel und Katheder. Reden, München/Zürich 1984; Inhalt:
  - Geist und Macht. Literatur und Politik in Deutschland, S. 9–30
  - Nathan der Weise aus der Sicht von Auschwitz, S. 31–49
  - »Die alten Zeiten niemals zu verwinden.« Zum 50. Jahrestag der Bücherverbrennung am 10. Mai 1933, S. 51–65
  - Hippokrates und Holocaust. Von der Verantwortung des Wissenschaftlers in finsterer Zeit, S. 67–88
  - Nachdenken über Heimat. Fremde und Zuhause im Spiegel deutscher Poesie, S. 89–105
  - Theologie und Literatur. Möglichkeiten und Grenzen eines Dialogs, S. 107–133
  - Der arme Jesus. Über die Notwendigkeit einer verfremdenden Betrachtung biblischer Texte, S. 135–142
  - »… und habe Euch doch geliebt.« Gedanken über den paulinischen Christus, S. 143–152
  - Das Gleichnis vom barmherzigen Samariter. Von der Liebe des Nächsten, S. 153–162.
  - Martin Luther. Prediger, Poet und Publizist, S. 163–190.

Momos am Bildschirm 1973–1983, München/Zürich 1984.

Vom Nächsten. Das Gleichnis vom barmherzigen Samariter heute gesehen, hg. v. Walter Jens, München 1984.

144

Festgabe zum 70. Geburtstag von Heinrich Albertz, hg. v. Walter Jens, Stuttgart 1985, Grußwort: S. 1 ff.

Studentenalltag, hg. v. Walter Jens, München 1985, Vorwort: S. 7–11.

Walter Jens und Hans Küng, *Dichtung und Religion,* München 1985; München 1988; Inhalt:
- »Gewißheit! Gewißheit!« Zu Blaise Pascal, Pensées, S. 30–42
- »Das Schwert in einen Pflug verkehrt«. Zu Andreas Gryphius. Gedichte, S. 62–79
- »Nathans Gesinnung ist von jeher die meine gewesen«. Zu Gotthold Ephraim Lessing. Nathan der Weise, S. 102–119
- »… und schauet den Frieden«. Zu Friedrich Hölderlin. Hymnen, S. 143–161
- »Ein großes Friedensfest auf den rauchenden Walstätten«. Zu Novalis. Die Christenheit oder Europa, S. 183–202
- »Jetzt, wo man zu Tausenden Märtyrer braucht«. Zu Søren Kierkegaard. Einübung im Christentum, S. 224–241
- »Ich will aber sehen, wie der Ermordete aufsteht und seinen Mörder umarmt«. Zu F. M. Dostojewski. Die Brüder Karamasow, S. 267–284
- »Laßt den Menschen nicht verkommen!« Zu Franz Kafka. Das Schloß, S. 306–324.

Die Friedensfrau. Nach der Lysistrate des Aristophanes, München 1986.

Theologie und Literatur. Zum Stand des Dialogs, hg. v. Walter Jens, Hans Küng und Karl-Josef Kuschel, München 1986.

Rhetorik und Theologie, hg. v. Walter Jens, Tübingen 1986 (Rhetorik. Ein internationales Jahrbuch, Bd. 5).

Walter Jens und Hans Thiersch, *Deutsche Lebensläufe in Autobiographien und Briefen,* Weinheim und München 1987; Inhalt:
- Ulrich Bräkers »Der arme Mann im Tockenburg«, S. 9–24
- Johann Joachim Winckelmanns Briefe, S. 52–68
- Rahel Varnhagens Briefe, S. 83–99
- Bismarcks »Erinnerung und Gedanke«, S. 101–117
- Adelheid Popps »Jugendgeschichte einer Arbeiterin«, S. 133–150
- Rosa Luxemburgs Briefe, S. 167–184
- Oskar Maria Grafs »Wir sind Gefangene«, S. 201–218
- Klaus Manns »Der Wendepunkt«, S. 233–250.

Leben im Atomzeitalter. Schriftsteller und Dichter zum Thema unserer Zeit, hg. v. Walter Jens, mit Handzeichnungen von Alfred Hrdlicka, Gräfelfing 1987, Einführung: S. 9–16.

Plädoyers für die Humanität. Zum Gedenken an Eugen Kogon, hg. v. Walter Jens und Gunnar Matthiesson, München 1988.

Nationalliteratur und Weltliteratur – von Goethe aus gesehen. Essay, München 1988 (zugleich Einleitung zu: *Kindlers Neues Literatur Lexikon*).

Walter Jens: Feldzüge eines Republikaners. Ein Lesebuch, hg. v. Gert Ueding und Peter Weit, München 1988.

Festgabe für Walter Jens. 111 Grußadressen in Handschriften, Typoskripten und Zeichnungen zum 65. Geburtstag, hg. v. Kurt Marti, Stuttgart 1988.

Kindlers Neues Literatur Lexikon, hg. v. Walter Jens, 20 Bände, München 1988–1992.

Es begibt sich aber zu der Zeit. Texte zur Weihnachtsgeschichte, hg. v. Walter Jens, Stuttgart 1988.

Reden, Leipzig/Weimar 1989.

Die Friedensfrau. Ein Lesebuch, Leipzig 1989; ern. 1992.

Walter Jens und Hans Küng, *Anwälte der Humanität: Thomas Mann, Hermann Hesse, Heinrich Böll,* München 1989.

Juden und Christen in Deutschland. Drei Reden, Stuttgart 1989.

»... gleicht einer großen Villen-Colonie«. 100 Jahre Universi-täts-Krankenhaus Eppendorf, Tübingen 1990; wieder abge-druckt in: *Einspruch. Reden gegen Vorurteile,* München 1992, S. 271–292.

Wiesbadener Literaturtage. Zu Gast bei Inge und Walter Jens, hg. v. Walter und Inge Jens, Stuttgart 1990.

Die Buddenbrooks und ihre Pastoren. Zu Gast im Weihnachts-hause Thomas Manns, München 1990.

Walter Jens und Wolfgang Graf Vitzthum, *Dichter und Staat. Über Geist und Macht in Deutschland,* Berlin/New York 1991.

Schreibschule, hg. v. Walter Jens, Frankfurt a. M. 1991, Vorwort: S. 11–18.

Einspruch. Reden gegen Vorurteile, München 1992; Inhalt:
 – Erasmus von Rotterdam. Die Vision vom Frieden, S. 13–34
 – Gotthold Ephraim Lessing. Streit und Humanität, S. 35–55
 – Wolfgang Amadeus Mozart. Das poetische Genie, S. 57–72
 – Georg Büchner. Plädoyer für die Barmherzigkeit, S. 73–85

Die sieben letzten Worte am Kreuz, München 1992.

Mythen der Dichter. Modelle und Variationen, München 1993; Inhalt:

148

5. Essays, Reden, Kritiken, Rezensionen, Vor- und Nachworte, Beiträge in Sammelbänden und Zeitschriften

Bruno Snell. Die Entdeckung des Geistes bei den Griechen, in: Hamburger Akademische Rundschau, 1. Jg., 1946/47, Heft 9, S. 395– 401.

Die heutige Dichtung: Spiegel unserer Situation, in: Studentische Blätter 9, 1947, S. 2–5.

Der Eingang des dritten Buches der Aeneis, in: Philologus 97, 1948, S. 194–197.

Das Begreifen der Wahrheit im frühen Griechentum, in: Studium Generale 4, 1951, S. 240–246.

Franz Kafka. Eine vorläufige Analyse seiner Welt und seines Werkes, in: Deutsche Universitätszeitung 6, 1951, Heft 1, S. 13–17.

Antigone-Interpretationen, in: *Satura, Früchte aus der antiken Welt. Otto Weinreich zum 13. März 1951 dargebracht,* Baden-Baden 1952, S. 43–58; wieder abgedruckt in: *Sophokles,* hg. v. Hans Diller, Darmstadt 1967 (Wege der Forschung 95), S. 295–310.

Mensch und Gott im Drama der Griechen, in: Merkur 6, 1952, S. 593–597.

Roman(e) hinter dem Röntgenschirm. Gespräch über die epische Technik, Frankfurt a. M. 1954 (Geist und Gegenwart. Beiträge aus dem Abendstudio des Hessischen Rundfunks, hg. v. Heinz Friedrich).

Plädoyer für die abstrakte Literatur, in: Texte und Zeichen 1, 1955, S. 505–515.

Die Dolonie und ihr Dichter, in: Studium Generale 8, 1955, S. 616–625.

Strukturgesetze der frühen griechischen Tragödie, Studium Generale 8, 1955, S. 246–253; wieder abgedruckt in: *Zur Antike,* München 1978, S. 30– 45.

Der Gott der Diebe und sein Dichter. Ein Versuch über Thomas Manns Verhältnis zur Antike, in: Antike und Abendland 5, Hamburg 1956, S. 139–153; wieder abgedruckt in: *Zur Antike,* München 1978, S. 119–135.

Protokoll über Brecht. Ein Nekrolog, in: Merkur 10, 1956, S. 943–956; wieder abgedruckt in: *Statt einer Literaturgeschichte,* Pfullingen 1978, S. 259–290.

Pavese und die Blockstücke der Wirklichkeit, in: Texte und Zeichen 2, 1956, S. 523–527.

Libertas bei Tacitus, in: Hermes 84, 1956, S. 331–352; wieder abgedruckt in: *Prinzipat und Freiheit,* hg. v. Richard Klein, Darmstadt 1969 (Wege der Forschung 135), S. 391– 420.

Der Mann mit der Tarnkappe (Rezension: *Felix Hartlaub. Das Gesamtwerk,* Frankfurt a. M. 1955), in: Texte und Zeichen 2, 1956, S. 80–85.

Theodor Däubler – der letzte Grieche, in: DIE ZEIT, 17. 1. 1957.

Der Mensch und die Dinge. Die Revolution der deutschen Prosa, Akzente 4, 1957, S. 319–334; wieder abgedruckt in: *Statt einer Literaturgeschichte,* Pfullingen 1978, S. 113– 137.

Das Schatzkästlein. Der Fluch der Erbauung in der Kunst, in: Deutsche Universitäts-Zeitung 12, 1957, Heft 17/18, S. 24–29.

150

Nachwort zu: Aischylos, *Die Tragödien und Fragmente*. Übertragen von Johann Gustav Droysen, durchgesehen und eingeleitet von Walter Nestle, Stuttgart 1957, S. 403–427.

Gelegenheitsdichtung des jungen Brecht, in: Stimmen der Zeit 10, 1958, S. 276–289.

Ein kurzweiliger Gelehrter. Bürgerlicher Realismus – dekadenter Formalismus, in: DIE ZEIT, 12. 9. 1958; wieder abgedruckt in: *Über Hans Mayer,* hg. v. Inge Jens, Frankfurt a. M. 1977, S. 83–87.

Alfred Döblin, in: Jahresring 58/59, 1958, S. 305–312.

Einleitung zu: Euripides, *Sämtliche Tragödien*. Nach der Übersetzung von J. J. Donner und Richard Kannicht, Stuttgart 1958, Bd. 1, S. VII–XXXIX; wieder abgedruckt in: *Zur Antike,* München 1978, S. 46–77.

Nachwort zu: Günter Eich, *Die Mädchen aus Viterbo*. Hörspiel, Frankfurt a. M. 1958, S. 55–60.

Poetische Sozialkritik mit Selbstverleugnung, in: DIE ZEIT, 20. 3. 1959 (über Wolfdietrich Schnurre).

Vollkommenheit im Einfachen, in: DIE ZEIT, 27. 11. 1959.

Griechische Klassiker, übertragen von J. H. Voss, E. Mörike u. a., ausgewählt und mit einem Nachwort versehen von Walter Jens, Wien/München/Basel 1959.

Marginalien zur modernen Literatur, in: *Martin Heidegger zum siebzigsten Geburtstag*. Festschrift, hg. v. Günther Neske, Pfullingen 1959, S. 225–236.

Hofmannsthals Aufzeichnungen, in: Merkur 14, 1960, S. 487–490.

Gegen die Überschätzung Gerd Gaisers, in: DIE ZEIT 48, 1960; wieder abgedruckt in: Deutsche Literaturkritik, hg. v. Hans Mayer, Bd. 4: *Vom Dritten Reich bis zur Gegenwart* (1933–1968), S. 604–611.

Gesicht der deutschen Literatur der Gegenwart, in: Die Kultur 155, 1960, S. 5.

Nachwort zu: Isaak Babel, *Budjonnys Reiterarmee und andere. Das erzählende Werk,* Olten/Freiburg i. B. 1960, S. 297–312; wieder abgedruckt in: *Statt einer Literaturgeschichte,* Pfullingen 1978, S. 312–323.

Eugen Gottlob Winkler, in: *Eugen Gottlob Winkler,* Frankfurt a. M. 1960, S. 7–17; wieder abgedruckt in: *Statt einer Literaturgeschichte,* Pfullingen 1978, S. 351–367.

Zu einem Gedicht von Paul Celan, in: Merkur 15, 1961, S. 297–299; wieder abgedruckt in: *Deutsche Literatur der Gegenwart,* München 1961, S. 112–117.

Die Perspektive im Roman, in: Jahresring 61/62, 1961, S. 64–86; wieder abgedruckt in: *Statt einer Literaturgeschichte,* Pfullingen 1978, S. 55–84.

Deutsche Literatur ohne Hauptstadt, in: Kakyo. Zeitschrift japanischer Germanisten in Kyoto, hg. v. d. Kakyo-Dojinsha 8, 1961/62, S. 1–3.

Johnson auf der Schwelle der Meisterschaft, in: DIE ZEIT, 6. 10. 1961; wieder abgedruckt in: *Über Uwe Johnson,* hg. v. Reinhard Baumgart, Frankfurt a. M. 1970, S. 108–114.

Plädoyer für das Positive in der Literatur oder: der Schriftsteller und die Totalität, in: DIE ZEIT, 20. 10. 1961; wieder abgedruckt in: *Literatur und Politik,* Pfullingen 1963, S. 23–32.

Antikes und modernes Drama, in: *Eranion, Festschrift für Hildebrecht Hommel,* Tübingen 1961, S. 43–62; wieder abgedruckt in: *Statt einer Literaturgeschichte,* Pfullingen 1978, S. 85–111.

Das Bild des Jugendlichen in der modernen Literatur, in: Jahrbuch der Joachim-Jungius-Gesellschaft 1961, S. 187–203; wieder abgedruckt in: *Statt einer Literaturgeschichte,* Pfullingen 1978, S. 139–163.

Ein Jude namens Kafka, in: *Porträts deutschjüdischer Geistesgeschichte,* hg. v. Thilo Koch, Köln 1961, S. 179–203; wieder abgedruckt in: *Statt einer Literaturgeschichte,* Pfullingen 1978, S. 291–312.

Nachwort zu: Max Frisch, *Erzählungen des Anatol Ludwig Stiller,* Frankfurt a. M. 1961, S. 51–58; wieder abgedruckt in: *Über Max Frisch,* hg. v. Thomas Beckermann, Frankfurt a. M. 1971, S. 16–23.

Der Jugend eine Antwort, in: *Der Jugend eine Antwort. Beiträge zur Demokratie,* hg. v. U. und T. Scheller, Hannover 1961, S. 31–38.

Ein Tag in Berlin, in: *Ich lebe in der Bundesrepublik. Fünfzehn Deutsche über Deutschland,* hg. von Wolfgang Weyrauch, München 1961, S. 77–80.

Was bedeutet Bloch bei uns?, in: *Die Mauer oder der 13. August,* hg. v. Hans Werner Richter, Reinbek bei Hamburg 1961, S. 141–143.

Albin Lesky, Geschichte der griechischen Literatur, Bern 1957–59, in: Gnomon 33, 1961, S. 321–327.

Eine Kumpanei zur Verhinderung von Unfug – Fünfzehn Jahre Gruppe 47, in: DIE ZEIT, 21. 9. 1962.

153

Rede auf den Preisträger (Verleihung des Georg-Büchner-Preises an Wolfgang Koeppen), in: Deutsche Akademie für Sprache und Dichtung, Jahrbuch 1962, S. 93–102; wieder abgedruckt in: *Von deutscher Rede,* erw. Neuausgabe München 1983, S. 259–272.

Völkische Literaturbetrachtung– heute, in: *Bestandsaufnahme,* hg. v. Hans Werner Richter, München/Wien/Basel 1962, S. 344–350.

Gelehrter– Schriftsteller– Rhetor. Ein Selbstporträt, in: Welt und Wort 18, 1963, S. 334 f. – wieder abgedruckt in: *Besondere Kennzeichen. Selbstporträts zeitgenössischer Autoren,* hg. v. K. Ude, München 1964, S. 117–119.

Schwierigkeiten beim Schreiben der Wahrheit. IV. Das mühevolle Alltägliche, in: DIE ZEIT, 9. 8. 1963.

Das Pandämonium des Günter Grass (zu »Hundejahre«), in: DIE ZEIT, 6. 9. 1963.

Wo die Dunkelheit endet. Zu den Gedichten von Peter Huchel, in: DIE ZEIT, 6. 12. 1963; wieder abgedruckt in: *Über Peter Huchel,* hg. v. Hans Mayer, Frankfurt a. M. 1973, S. 22–27.

Die deutsche Literatur der Gegenwart – Versuch einer Standortbestimmung, in: Mitteilungen für die ehemaligen Forschungsstipendiaten der Alexander-von-Humboldt-Stiftung, Nr. 7, Dezember 1963, S. 5–16.

Aldous Huxley, Literatur und Wissenschaft, in: DIE ZEIT, 6. 11. 1964.

Nachwort zu: Bertolt Brecht, *Ausgewählte Gedichte,* Auswahl von Siegfried Unseld, Frankfurt a. M. 1964, S. 82–93.

Die griechische Literatur, in: *Die Literaturen der Welt in ihrer mündlichen und schriftlichen Überlieferung,* hg. v.

Wolfgang v. Einsiedel, Zürich 1964, S. 177–191; wieder abgedruckt in: *Zur Antike,* München 1978, S. 15–29.

Poesie und Medizin. Gedenkrede für Georg Büchner, in: Neue Rundschau 1964, S. 266–277; wieder abgedruckt in: *Von deutscher Rede,* erw. Neuausgabe München/Zürich 1983, S. 109–132.

Beantwortung der Frage: »*Welchen Schwierigkeiten sehen Sie sich gegenüber bei dem Versuch, heute die Wahrheit zu schreiben?*« in: *Schwierigkeiten, heute die Wahrheit zu schreiben. Eine Frage und einundzwanzig Antworten,* hg. v. Heinz Friedrich, München 1964, S. 70–76.

Nachwort zu: Wolfdietrich Schnurre, *Kassiber. Neue Gedichte,* 1964, S. 135–142.

Mein Sanatorium, in: DIE ZEIT, 24. 9. 1965; wieder abgedruckt in: *Atlas, zusammengestellt von deutschen Autoren,* München 1968, S. 198–203.

Privatroman statt Lagebericht. Zum dritten und letzten Mal: Uwe Johnsons neuer Roman »Zwei Ansichten«, in: DIE ZEIT, 8. 10. 1965.

Die »Ermittlung« in Westberlin, in: DIE ZEIT, 29. 10. 1965; wieder abgedruckt in: *Über Peter Weiss,* hg. v. Volker Canaris, Frankfurt a. M. 1970, S. 92–96.

Festrede auf Thomas Mann. Gehalten im Großen Schauspielhaus Frankfurt a. M. am 13. Juni 1965, in: Jahrbuch der Freien Akademie der Künste Hamburg 1965, S. 87–106.

Vorwort zu: *Politik ohne Vernunft oder Die Folgen sind absehbar. Zehn streitbare Thesen,* hg. v. Carl Nedelmann und Gert Schäfer, Reinbek bei Hamburg 1965, S. 7–11.

Rebellen-Beredsamkeit und repräsentative Rhetorik, in: *Plädoyer für eine Regierung oder Keine Alternative,* hg. v. Hans Werner Richter, Reinbek bei Hamburg 1965, S. 35–42.

Von deutscher Rede, in: Attempto 17/18, Tübingen 1965, S. 55–63; wieder abgedruckt in: *Von deutscher Rede,* erw. Neuausgabe München/Zürich 1983, S. 24–53.

Vorwort zu: *Hallo, Nachbarn. Televisionen schwarz auf weiß,* Hamburg 1966, S. 5–8.

Rede auf den Preisträger (Verleihung des Georg-Büchner-Preises an Wolfgang Hildesheimer), in: Deutsche Akademie für Sprache und Dichtung, Jahrbuch 1966, S. 136–144; wieder abgedruckt in: *Von deutscher Rede,* erw. Neuausgabe München/Zürich 1983, S. 273–285.

Laudatio auf Nelly Sachs (Vortrag in Stockholm, 14. 12. 1966), in: DIE ZEIT, 27. 1. 1967; wieder abgedruckt in: *Das Buch der Nelly Sachs,* hg. v. Bengt Holmqvist, Frankfurt a. M. 1968, S. 381–389: Nachwort.

Einleitung zu: Adam Müller, *Zwölf Reden über die Beredsamkeit und deren Verfall in Deutschland,* Frankfurt a. M. 1967, S. 7–32; wieder abgedruckt in: *Von deutscher Rede,* erw. Neuausgabe München/Zürich 1983, S. 79–87.

Introitus amicus, in: *Hans Meyer zum 60. Geburtstag. Eine Festschrift,* hg. v. Walter Jens und Fritz J. Raddatz, Reinbek bei Hamburg 1967, S. 5–8.

Der Hundertjährige. Festvortrag zur Feier des 100. Geburtstages von Emil Nolde am 7. August 1967 in Seebüll, hg. v. der Stiftung Ada und Emil Nolde, 1967; wieder abgedruckt in: *Von deutscher Rede,* erw. Neuausgabe München 1983, S. 192–216.

Literatur und Politik am Vorabend des Dritten Reiches, in:

156

Rechenschaft und Aufgabe. Beiträge zur Bildungsarbeit in der Gegenwart, hg. v. Studentischen Ausschuß der Studentenschaft im Christlichen Jugenddorfwerk Deutschlands, Düsseldorf 1967, S. 115–127.

Deutsche Literatur seit Kriegsende, in: Jahrbuch der Freien Akademie der Künste Hamburg 1968, S. 209–228.

Feldzüge eines Redners. Rede auf Gotthold Ephraim Lessing, in: *Lessing-Preis 1968 an Walter Jens,* Hamburg 1968, S. 17–38; wieder abgedruckt in: *Von deutscher Rede,* erw. Neuausgabe München 1983, S. 54–78.

Lob der Phantasie, in: *In Sachen Böll. Ansichten und Aussichten,* hg. v. Marcel Reich-Ranicki, Köln/Berlin 1968, S. 27–31.

An taube Ohren der Geschlechter. Rede beim Ostermarsch 1968 in Ulm, in: *Hommage für Peter Huchel. Zum 3. April 1968,* hg. v. Otto F. Best, München 1968, S. 19–23.

Albert Einstein, in: Universitas 24, 1969, S. 151–162; wieder abgedruckt in: *Von deutscher Rede,* erw. Neuausgabe München 1983, S. 239–258.

Nachwort zu: Karl Schlechta, *Worte ins Ungewisse;* Rundfunkreden. Darmstadt 1969.

Feinde beim Namen genannt. Walter Jens über Adolf Arndt: *»Geist der Politik. Reden«,* in: *Literatur im Spiegel,* eingel. und hg. v. Rolf Becker, Reinbek bei Hamburg 1969, S. 198–201.

Nachwort zu: György Konrád, *Der Besucher.* Roman, Darmstadt/Neuwied 1969, S. 227–238.

Nelly Sachs zu Ehren, in: Tribüne 9, 1970, S. 3697–3701.

Literatur und Politik– Aspekte deutscher Nachkriegsliteratur,
in: Moderna Sprak 64, 1970, S. 359–375; wieder abgedruckt in: *Statt einer Literaturgeschichte,* Pfullingen 1978,
S. 369–389.

*Überlegungen nach der Lektüre von »Die Reise des Herrn
Admet«,* in: Insel-Almanach auf das Jahr 1971, hg. v. Hans
Bender und Marie Luise Kaschnitz, Frankfurt a. M. 1970,
S. 64 f.

Inge und Walter Jens, *Betrachtungen eines Unpolitischen:
Thomas Mann und Friedrich Nietzsche,* in: *Das Altertum und
jedes neue Gute, für Wolfgang Schadewaldt zum 15. März
1970,* hg. v. Konrad Gaiser, Stuttgart/Berlin/Köln/Mainz
1970, S. 237–256; wieder abgedruckt in: *Statt einer Literaturgeschichte,* Pfullingen 1978, S. 185–211.

Nichts ist wirklich, alles ist möglich, in: *15 x Sonntag,* hg. v.
Hannelore Frank, Stuttgart/Berlin 1970, S. 65–72; wieder
abgedruckt in: *Festschrift für Friedrich Beißner,* hg. v. Ulrich
Gaier und Werner Volke, Bebenhausen 1974, S. 510–514.

Altväterliche Betrachtungen, und: *Ein Ausgelieferter über-
tönt die Nacht,* in: *Über Wolfgang Hildesheimer,* hg. v. Dierk
Rodewald, Frankfurt a. M. 1971, S. 81–83 u. 121–127.

Antiquierte Antike? Perspektiven eines neuen Humanismus,
Münsterdorf 1971 (Hansen & Hansen, Sylter Beiträge 1);
wieder abgedruckt in: *Republikanische Reden,* München
1976, S. 41–58.

Max Frisch und der homo faber, in: *Max Frisch– Beiträge zur
Wirkungsgeschichte,* hg. v. Albrecht Schau, Freiburg i. B.
1971 (Materialien zur deutschen Literatur 2), S. 63–65.

Vorwort zu: *Motive. Deutsche Autoren zur Frage: Warum
schreiben Sie? Selbstdarstellungen mit 70 Porträtfotos,* hg. v.
Richard Salis, Tübingen/Basel 1971, S. 9–15.

Rhetorik, in: *Reallexikon der deutschen Literaturgeschichte,* hg. v. Werner Kohlschmidt und Wolfgang Mohr, 2. Aufl., Berlin/New York 1971, Bd. 3, S. 432–456.

Traktat vom Frieden, von der Gewalt und der Revolution, in: *Von Gandhi bis Camara. Beispiele gewaltfreier Politik,* hg. v. Hans Jürgen Schultz, Stuttgart/Berlin 1971, S. 6–22.

Wolfgang Hildesheimer u. Walter Jens, in: *Selbstanzeige. Schriftsteller im Gespräch,* hg. v. Werner Koch, Frankfurt a. M. 1971, S. 89–99.

Das Kunstwerk der Zeit und der Zukunft. Richard Wagners Festspielkonzeption, Bayreuther Festspiele 1972, Programmheft I, S. 2–6.

Gedanken über einen Politiker, in: *Dieser Mann Brandt ...,* hg. v. D. Lindlau, München 1972, S. 17–22.

Lernen, denken und schreiben, in: *Jemand, der schreibt, 57 Aussagen,* hg. v. Rudolf de la Roi, München 1972, S. 73–76.

Plädoyer für einen Pluralismus der Wissenschaft, in: Blätter für deutsche und internationale Politik 17, 1972, S. 721–727; wieder abgedruckt in: *Republikanische Reden,* München 1976, S. 130–139.

Wie, warum und zu welchem Ende wurde ich Literaturhistoriker? Eine Sammlung von Aufsätzen aus Anlaß des 70. Geburtstags von Robert Minder, hg. v. Siegfried Unseld, Frankfurt/M. 1972, S. 111–115.

Weg mit dem Berufsverbot für August Bebel, in: konkret 42, 1973, S. 20.

Laudatio auf Gustav Korlé, in: Deutsche Akademie für Sprache und Dichtung Darmstadt, Jahrbuch 1973, 1974, S. 19–22.

Brief an Butzbacher Schüler, in: *Butzbacher Autorenbefragung. Briefe zur Deutschstunde,* hg. v. Hans-Joachim Müller mit der Arbeitsgemeinschaft Literatur am Weidig-Gymnasium in Butzenbach, München 1973, S. 80 f.

Lieber an die Front des Volkes, als im Hintern der Reaktion. Ein später Geburtstagsartikel zum 25jährigen Grundgesetz, in: konkret 1, 1974; wieder abgedruckt in: *Unsere Republik. Politische Statements westdeutscher Autoren,* hg. v. Alfred Estermann u. a., Wiesbaden 1980, S. 252–255.

Ein Meister, der die Welt nicht mehr verstand. Hugo von Hofmannsthal zu seinem hundertsten Geburtstag am 1. 2. 1974, in: Frankfurter Allgemeine Zeitung, 2. 2. 1974.

Der Rhetor Friedrich Nietzsche, in: Frankfurter Allgemeine Zeitung, 6. 2. 1974.

Friedrich Nietzsche, Pastor ohne Kanzel, in: Frankfurter Allgemeine Zeitung, 9. 3. 1974; wieder abgedruckt in: *Republikanische Reden,* München 1976, S. 101–112.

Vorbei, die Eimsbütteler Tage. Fußball vor seiner Industrialisierung, in: DIE ZEIT, 15. 3. 1974; wieder abgedruckt in: *Republikanische Reden,* München 1976, S. 188–192.

Sie sagen Kafka und meinen sich selbst. Siebenundzwanzig Essays über den Schriftsteller, der wie kein anderer die Interpreten reizt, in: Frankfurter Allgemeine Zeitung, 20. 4. 1974.

Porträt eines Vergessenen. Armin T. Wegener: Anwalt der Unterdrückten, religiöser Sozialist, Mystiker und mutiger Schriftsteller, in: Frankfurter Allgemeine Zeitung, 14. 9. 1974; wieder abgedruckt in: *Statt einer Literaturgeschichte,* Pfullingen 1978, S. 339–350.

Worte, vieldeutig wie das Leben. Johann Nestroy: Lied des

160

Fabian, in: Frankfurter Allgemeine Zeitung, 12. 10. 1974; wieder abgedruckt in: *Frankfurter Anthologie. Gedichte und Interpretationen,* hg. u. mit einem Nachwort versehen v. Marcel Reich-Ranicki, Frankfurt a. M. 1976, S. 51–54.

Wir Extremisten, in: DIE ZEIT, 22. 11. 1974; wieder abgedruckt in: *Republikanische Reden,* München 1976, S. 76–80.

Beckmessers Janus-Gesicht, in: *Die Meistersinger von Nürnberg,* Bayreuth 1974 (Programmhefte der Bayreuther Festspiele 1974, H. 3), S. 1–7.

Axel Caesar Springer Teutonicus. Das Selbstbild eines christlichen Monopolisten, interpretiert von Walter Jens, in: *Der neue Konservatismus der siebziger Jahre,* hg. v. Martin Greiffenhagen, Reinbek bei Hamburg 1974, S. 90–99; wieder abgedruckt in: *Republikanische Reden,* München 1976, S. 147–159.

Sophokles/Bertolt Brecht, in: *Je ferner die Zeiten … Weltgestalten in Streitgesprächen,* hg. v. Werner Höfer, München/Gütersloh/Wien 1974, S. 101–126; wieder abgedruckt in: *Zur Antike,* München 1978, S. 413–433.

Hugenbergs Erben blasen zur Treibjagd, in: *Die Deutschlandstiftung – rechte Apo von Dregger und Strauß?,* Wuppertal 1974 (Schriftenreihe des »Pressedienst Demokratische Initiative« 20), S. 3–6.

Phantasie und gesellschaftliche Verantwortung. Zur literarischen Situation in der BRD, in: Blätter für deutsche und internationale Politik 19, 1974, S. 1268–1275; wieder abgedruckt in: *Republikanische Reden,* München 1976, S. 81–92.

Vergiß nie das Publikum, sondern tu alles, um ihm gefällig zu sein. Rohmaterial zur Illustration zweier Jahrhunderte:

161

Fünfzehn Rhetorik-Lehrbücher aus der Barockzeit, in: Frankfurter Allgemeine Zeitung, 1. 1. 1975.

Unsere Klassiker. Zur Auseinandersetzung um das Lesebuch »drucksachen«, in: Deutsche Volkszeitung, 20. 2. 1975.

Fußball: Versöhnung mitten im Streit?, in: Programm für den Festakt anläßlich des 75jährigen Bestehens des Deutschen Fußball-Bundes am 17. 5. 1975 im Schauspielhaus Frankfurt a. M., in: Frankfurter Allgemeine Zeitung, 20. 5. 1975; wieder abgedruckt in: *Republikanische Reden,* München 1976, S. 177–187.

Thomas Mann. Zum hundertsten Geburtstag. Achtzehn Antworten auf die Fragen: Was bedeutet Ihnen Thomas Mann? Was verdanken Sie ihm?, in: Frankfurter Allgemeine Zeitung, 31. 5. 1975.

Spurensicherung im Weihrauch. Peter de Mendelssohn: »Das Leben des deutschen Schriftstellers Thomas Mann«, in: DIE ZEIT, 6. 6. 1975.

Matthias greift in die Saiten, in: konkret 11, 1975, S. 47–49 (über Matthias Walden).

Thomas Mann. Der letzte deutsche Schriftsteller, in: Duitse Kroniek (Amsterdam) 27, 1975, S. 53–67; wieder abgedruckt in: *Republikanische Reden,* München 1976, S. 113–129.

Nietzsche und wir. Fragen von Manès Sperber. Antworten: Iring Fetscher, Erich Heller, Walter Jens, Hans Mayer, in: Merkur 29, 1975, S. 1149–1165.

Der gute Mensch vom Isarstrand. Franz Beckenbauers Selbstenthüllungen »Einer wie ich«, in: Frankfurter Allgemeine Zeitung, 29. 11. 1975.

162

Die Evangelisten als Schriftsteller, in: *Sie werden lachen– die Bibel. Überraschungen mit einem Buch,* hg. v. Hans Jürgen Schultz, Stuttgart 1975, S. 113–123; wieder abgedruckt in: *Republikanische Reden,* München 1976, S. 30–40.

Johann Nestroy, in: *Austriaca. Beiträge zur österreichischen Literatur. Festschrift für Heinz Politzer zum 65. Geburtstag,* hg. v. Winfried Kudzus und Hinrich C. Seeba, in Zusammenarbeit mit Richard Brinkmann, Tübingen 1975, S. 127–147.

Philologe und Aufklärer. Bruno Snells »Entdeckung des Geistes«, in: Frankfurter Allgemeine Zeitung, 10. 1. 1976.

Alter Mann im trauten Heim, in: DIE ZEIT, 16. 1. 1976.

Zehn Pfennig bis Endstation. Der öffentliche Personennahverkehr in Geschichte und Gegenwart, in: Frankfurter Rundschau, 5. 6. 1976; wieder abgedruckt in: *Republikanische Reden,* München 1976, S. 59–75.

Mord an Luther. Das neue Testament in revidierter Fassung, in: Vorwärts, 14. 6. 1976, S. 15–18; wieder abgedruckt in: DIE ZEIT, Nr. 52, 17. 12. 1976; wieder abgedruckt in: *Ort der Handlung ist Deutschland,* München 1981, S. 147–164.

Wider die Isolation, in: DIE ZEIT, 15. 10. 1976; wieder abgedruckt in: *Republikanische Reden,* München 1976, S. 139–146.

Die bösen Taten hinter den schönen Reden. Thaddäus Trolls schwäbische Gedichte, in: Frankfurter Allgemeine Zeitung, 17. 12. 1976.

Nächstenliebe und soziale Medizin. Vortrag anläßlich der Jubiläumsfeier zum 75jährigen Bestehen der Hochgebirgsklinik Davos-Wolfgang am 18. 9. 1976 (Sonderdruck); wieder abgedruckt in: *Ort der Handlung ist Deutschland*, München 1981, S. 89–106.

Ehrenrettung eines Kritikers: Sixtus Beckmesser, in: *Republikanische Reden*, München 1976, S. 93–100.

Literatur: Möglichkeiten und Grenzen, in: *Republikanische Reden*, München 1976, S. 59–75; wieder abgedruckt in: *P. E. N. International*, hg. v. Gerd E. Hoffmann, München 1986, S. 94–102.

Was bedeutet christliche Predigt?, in: Sonntagsgruß. Evangelisches Wochenblatt an der Saar, 23. 1. 1977, S. III; wieder abgedruckt in: *Republikanische Reden*, München 1976, S. 11–29.

Absurd und infam. Antwort auf einen Aufruf, die Frankfurter Allgemeine Zeitung und ihren Literatur-Redakteur zu boykottieren, in: konkret 2, 1977.

Nix Bodenstrom. Interpretation eines Lessing-Gedichts, in: Frankfurter Allgemeine Zeitung, 26. 3. 1977; wieder abgedruckt in: *In Sachen Lessing*. Vorträge und Essays, Stuttgart 1983, S. 160–163.

Ein Segel in eine andere Welt. Rede auf Ernst Bloch, in: DIE ZEIT, 12. 8. 1977; wieder abgedruckt in: *Statt einer Literaturgeschichte*, Pfullingen 1978, S. 334–338.

Der liberale Staat hat Millionen von Verteidigern. Die Demokratie in der Bundesrepublik steht vor ihrer Bewährungsprobe, in: Vorwärts, 6. 10. 1977, S. 8 f.

Die Kunst des Lesens, in: Neue Zürcher Zeitung, 8./9. 10. 1977; wieder abgedruckt in: Radius Almanach 1978/79, Stuttgart 1978, S. 7–12.

Das Mittelalter ist zurückgekehrt. (Gedanken zu Buß- und

164

Bettag), in: Deutsches Allgemeines Sonntagsblatt, 27. 11. 1977.

Stadt und Staat als Kunstwerk, in: Deutsche Bauzeitung 10, 1977, S. 8–10; wieder abgedruckt in: Vorwärts, 24. 11. 1977; wieder abgedruckt in: *Ort der Handlung ist Deutschland,* München 1981, S. 20–30.

Rede zum Buß- und Bettag (Matth. 27, 39 ff.), in: Deutsches Allgemeines Sonntagsblatt, Nr. 48, 27. 11. 1977.

Isoliert die Desperados durch mehr Demokratie, in: *Briefe zur Verteidigung der Republik,* hg. v. Heinrich Böll, Freimut Duve und Klaus Staeck, Reinbek 1977, S. 86–90.

Walter Jens über Helmut Kindler. Rede zum 65. Geburtstag am 3. Dezember 1977, Zürich/München 1977; wieder abgedruckt in: *Ort der Handlung ist Deutschland,* München 1981, S. 215–223.

Rhetorik und Propaganda, in: *Meyers Enzyklopädisches Lexikon,* Mannheim 1977, Bd. 20, S. 86–90; wieder abgedruckt in: *Von deutscher Rede,* erw. Neuausgabe München 1983, S. 11–23.

Geleitwort zu: *Literarische Geheimberichte. Protokolle der Metternich-Agenten,* hg. v. Hans Adler, Bd. 1. 1840–1843, Köln 1977, S. IX–XIV.

Nachruf der Akademie der Künste Berlin, in: *Erinnerung an Martin Heidegger,* hg. v. Günther Neske, Pfullingen 1977, S. 149–153.

Eine Republik im Widerspruch, in: *Reden auf die Republik,* hg. v. Roderich Klett, Stuttgart 1977, S. 119–124.

Aufklärung und Polemik, Laudatio auf Marcel Reich-Ranicki, in: Heine-Jahrbuch 1977, 16. Jg., Hamburg 1977, S. 166–173.

Nur wer Bürgermut lebt, macht andere Bürger lebendig. Laudatio zur Verleihung des Gustav-Heinemann-Preises an die Redaktion des Fernsehmagazins »Kennzeichen D«, Rastatt 1978, in: Frankfurter Rundschau, 26. 5. 1978.

Die Kunst ist der Macht gefährlich. Eine Rede vor SPD-Genossen im Stuttgarter Künstlerbund, in: Stuttgarter Nachrichten, 27./28. 9. 1978; wieder abgedruckt in: Horen 5, 1979, S. 13–17.

Eiferer im Schattenkampf. Zur Polemik gegen Marcel Reich-Ranicki, in: Süddeutsche Zeitung, 13. 10. 1978.

Verwegenes Liebeslied. Martin Luther: Ein lied von der Heiligen Christlichen Kirchen aus dem XII. capitel Apocalypsis, in: Frankfurter Allgemeine Zeitung, 23. 12. 1978.

Lessing und die Antike, in: Text & Kontext, 6. 1./6. 2., München 1978, S. 42–59; wieder abgedruckt in: *Zur Antike,* München 1978, S. 100–118.

Der Rhetor Thomas Mann, in: *Deutsche Literaturkritik. Vom Dritten Reich bis zur Gegenwart (1933–1968),* hg. v. Hans Mayer, Frankfurt a. M. 1978, S. 798–816; wieder abgedruckt in: *Von deutscher Rede,* erw. Neuausgabe München 1983, S. 217–238.

Interpretation des Brecht-Gedichts: Antigones letzte Rede – Rückkehr, in: *Ausgewählte Gedichte Brechts mit Interpretationen,* hg. v. Walter Hinck, Frankfurt a. M. 1978, S. 110–116.

Vorwort zu: Karl-Josef Kuschel, *Jesus in der deutschsprachigen Gegenwartsliteratur,* Zürich/Köln/Gütersloh, 2. Aufl. 1978, S. XIII–XVIII.

Verkleidete Götter. Antikes und modernes Drama, in: *Zur Antike,* München 1978, S. 78–99.

Mythos und Logos. Dichtung im zwanzigsten Jahrhundert, in: *Statt einer Literaturgeschichte,* Pfullingen 1978, S. 11–20.

Uhren ohne Zeiger. Die Strukturen des modernen Romans, in: *Statt einer Literaturgeschichte,* Pfullingen 1978, S. 21–54.

Mathematik des Traums. Hermann Broch, in: *Statt einer Literaturgeschichte,* Pfullingen 1978, S. 213–234.

Sektion und Vogelflug. Gottfried Benn, in: *Statt einer Literaturgeschichte,* Pfullingen 1978, S. 235–258.

Schergen, die Theater spielen ... Die Verwandlung der Jahrtausend-Katastrophe in eine Trivialität aus Hollywood, in: DIE ZEIT, 2. 2. 1979.

Kein Pardon für Päpste. Über die Aktualität des Aufklärers Gotthold Ephraim Lessing, in: Stern 5, 1979, S. 65.

Lernen Sie lesen, meine Herren Richter!, in: Stern 12, 1979, S. 218.

Gewissensfreiheit für Kriegsdienstverweigerer – ein gefährdetes Menschenrecht, in: Junge Kirche 8/9, 1979, S. 354–359; wieder abgedruckt in: *Ein deutsches Lesebuch,* hg. v. Gert Heidenreich, Frankfurt a. M. 1981, S. 172–176.

Wilhelminisches Deutschland. Zu Helmut Kohls Fernsehauftritt in den Niederlanden, in: konkret 5, 1979, S. 24 f.

Vom Geist der Zeit. Der Dichter unter dem Diktator– Kritik und Würdigung der Inneren Emigration im Nazi-Reich, in: DIE ZEIT, 16. 11. 1979.

Rede zum 70. Geburtstag von Hans Werner Richter, in: *Hans*

Werner Richter und die Gruppe 47, hg. v. Hans A. Neunzig, München 1979, S. 9–24; wieder abgedruckt in: *Ort der Handlung ist Deutschland,* München 1981, S. 204–214.

Festvortrag über das Johanneum, in: Das Johanneum. Mitteilungen des Vereins ehemaliger Schüler der Gelehrtenschule des Johanneums, Hamburg 3, 1979, S. 59–70; wieder abgedruckt in: *Ort der Handlung ist Deutschland,* München 1981, S. 107–125.

Volksbefreiung durch Volksbildung– Die Erwachsenenbildung in unserer Zeit, in: Die Grundfragen zur Volkshochschularbeit, hg. v. Deutschen Volkshochschulverband e. V. 22, 1979, S. 15–26; wieder abgedruckt in: *Ort der Handlung ist Deutschland,* München 1981, S. 31– 42.

Lessing – Theologie und Theater, in: Radius-Almanach 1979/80, Stuttgart 1979, S. 7–28; wieder abgedruckt in: *Ort der Handlung ist Deutschland,* München 1981, S. 165–184.

Ach Sylt. Schön muß es gewesen sein, in: DIE ZEIT, Nr. 22, 23. 5. 1980.

Rechte Tricks. Wie man eine Rede in ihr Gegenteil verkehrt und damit Politik macht, in: konkret 8, 1980, S. 46–47.

Olympiaboykott?, in: *Kämpfen für die sanfte Republik. Ausblick auf die achtziger Jahre,* hg. v. Heinrich Böll, Freimut Duve und Klaus Staeck, Reinbek 1980, S. 26–31.

Der Journalist Lessing, in: *Journalisten über Journalisten,* v. Hans-Jürgen Schultz, München 1980.

Freiburg im Krieg, in: *Ortsbeschreibungen. Autoren sehen Freiburg,* hg. v. Dietrich Kayser, Freiburg i. B. 1980, S. 9–13.

Es lebe das heilige Deutschland. Die Intellektuellen und der Erste Weltkrieg, in: Radius-Almanach 1980/81, Stuttgart 1980, S. 11–24; wieder abgedruckt in: Schriften der Freien Akademie der Künste in Hamburg 4, Hamburg 1981. S. 11–24.

Angstmann, Leben und Tod. Essay zum Hörspiel »Der Angstmann« von Horst Laube, in: Deutsches Allgemeines Sonntagsblatt Nr. 5, 1. 2. 1981.

Der Schriftsteller ist ein Verräter. Max Frisch zum 70. Geburtstag, in: Frankfurter Allgemeine Zeitung, 9. 5. 1981; wieder abgedruckt in: *Einspruch. Reden gegen Vorurteile*, München 1992, S. 141–151.

Geister-Beschwörung anno 1917. Rede zum Tag des Buches, in: Börsenblatt für den deutschen Buchhandel, Nr. 42, 15. 5. 1981.

Leistet dem Bösen keinen Widerstand. Die Bergpredigt nach Matthäus, Kap. 5–7, in einer Übersetzung von Walter Jens, in: DIE ZEIT, Nr. 23, 29. 5. 1981.

Karl Knörr im Licht der hippokratischen Medizin. Laudatio anläßlich der Emeritierung von Karl Knörr, in: Uni Ulm Intern, Nr. 87, Mai 1981, S. 7–9.

Nein, Kapitän, hier sterben wir nicht (Über Satelliten-Mentalität und angeblichen Anti-Amerikanismus), in: Vorwärts, 4. 6. 1981.

Mündlich Predigt und lebendig Wort. Verteidigung von Martin Luthers gesprochener Sprache gegen das Einheitskauderwelsch modischer Bibelbearbeiter, in: DIE ZEIT, Nr. 26, 19. 6. 1981.

Der deutsche PEN-Club im Exil 1933–1948. Rede zur Eröffnung der Ausstellung »Der deutsche PEN-Club im Exil 1933–

1948, in der Deutschen Bibliothek in Frankfurt a. M., in: Diskussion Deutsch 59, Juni 1981.

Predigt zur Weihnachtsgeschichte des Evangelisten Lukas, in: Deutsches Allgemeines Sonntagsblatt, 5. 7. 1981.

Inferno mit paradiesischen Wonnen. Über Thomas Mann, *Der Zauberberg*, in: *Frankfurter Allgemeine Zeitung, Romane von gestern – heute gelesen*, 5. 8. 1981; wieder abgedruckt in: Thomas Mann, *Der Zauberberg*, Bibliothek des 20. Jahrhunderts, hg. v. Walter Jens und Marcel Reich-Ranicki, Stuttgart/München o. J.

Meine Schulzeit im Dritten Reich. Mein Lehrer Ernst Fritz, in: Frankfurter Allgemeine Zeitung, 15. 8. 1981; wieder abgedruckt in: *Meine Schulzeit im Dritten Reich*, hg. v. Marcel Reich-Ranicki, Köln 1982, S. 103–112.

Zur literarischen Lage der Nation. Das wichtigste Buch der Saison, in: Stern, 8. 10. 1981.

Erst kommt der Staat und dann das Gewissen. Das Grundgesetz, die Bibel und die verbotene Frage nach der Verfassungswirklichkeit. Über den Fall des Pfarrers Jochen Vollmer, in: DIE ZEIT, 16. 10. 1981.

Nachwort zu: *Das große Thaddäus Troll Lesebuch*, Hamburg 1981, S. 393–398.

Grundrecht des Gewissens, in: *Und es bewegt sich doch. Texte wider die Resignation*, hg. v. Gert Heidenreich, Frankfurt a. M. 1981, S. 172–177.

Martin Luthers deutsche Bibel – 1545 und heute, in: Zeichen der Zeit, Heft 7/8, 1981, S. 241–250.

August 1914. Die Literaten und der Erste Weltkrieg, in: Radius-Almanach 1981/82, Stuttgart 1981, S. 7–22.

Vorwort zu: *Generalmobilmachung gegen Gert Bastian–Eine Dokumentation* (Sonderheft Nr. 14 des PDI [Pressedienst Demokratische Initiative]), München 1981, S. 5–7.

Hoffnungszeichen und Richtspruch, in: *Frieden. Die Weihnachtsgeschichte in unserer Zeit,* hg. v. Walter Jens, Stuttgart 1981, S. 67–81.

Eine freie Republik?, in: *Ort der Handlung ist Deutschland,* München 1981, S. 13–19.

Die olympischen Spiele als Politikum, in: *Ort der Handlung ist Deutschland,* München 1981, S. 43–54.

Christliche Religion und Religion Christi, in: *Ort der Handlung ist Deutschland,* München 1981, S. 57–64.

Jesus und die Frauen, in: *Ort der Handlung ist Deutschland,* München 1981, S. 65–71.

Ein Einzelner und die katholische Kirche, in: *Ort der Handlung ist Deutschland,* München 1981, S. 72–85.

Auf ein deutsches Theater, in: *Ort der Handlung ist Deutschland,* München 1981, S. 126–143.

Christoph Martin Wieland: Probleme eines Übersetzers, in: *Ort der Handlung ist Deutschland,* München 1981, S. 185–191.

Auf einen Politiker: Carlo Schmid, in: *Ort der Handlung ist Deutschland,* München 1981, S. 195–203.

Auf einen Publizisten: Eugen Kogon, in: *Ort der Handlung ist Deutschland,* München 1981, S. 224–231.

Ein Prediger in der Wüste. Über Heinrich Albertz' »Blumen für Stukenbrock«, in: Der Spiegel, 25. 1. 1982.

Tiefe Nationalerinnerungen: Vom Geist deutsch-jüdischer Dichtung. Zur Verleihung des Heinrich-Heine-Preises der Stadt Düsseldorf am 13. Dezember 1981, in: Frankfurter Allgemeine Zeitung, 6. 3. 1982.

Übrig blieb das Tiefste. Johann Wolfgang Goethe zu seinem 150. Todestag, in: Frankfurter Allgemeine Zeitung, 20. 3. 1982.

Fragebogen. Walter Jens, Schriftsteller, in: Frankfurter Allgemeine. Magazin Heft 112, 23. 4. 1982, S. 34.

Die Sinngedichte an den Leser. Interpretation eines Lessing-Epigramms, in: Frankfurter Allgemeine Zeitung, 22. 5. 1982; wieder abgedruckt in: *In Sachen Lessing.* Vorträge und Essays, Stuttgart 1983, S. 157–159.

Mein Abitur. Eine Serie von Birgit Lahann, in: Stern, Nr. 28, 8. 6. 1982.

Prediger und Poet: Über Kurt Marti. Aus Anlaß des Erscheinens seiner Ausgewählten Gedichte 1959–1980, in: Frankfurter Allgemeine Zeitung, 18. 9. 1982.

Die Blütenträume ausgeträumt. Am Ende der sozial-liberalen Ära, in: DIE ZEIT, 24. 9. 1982.

Helmut Kindler zum 70. Geburtstag, in: Frankfurter Allgemeine Zeitung, 3. 12. 1982.

Fremdlinge sind wir im eignen Haus ... Laudatio auf Peter Weiss, in: Deutsche Akademie für Sprache und Dichtung. Jahrbuch 1982, II. Lieferung, Heidelberg 1982, S. 79–89; wieder abgedruckt in: *Von deutscher Rede,* erw. Neuausgabe München/Zürich 1983, S. 286–303.

Wohl denen, die Frieden machen, in: *Friedenszeichen. Lebenszeichen. Pazifismus zwischen Verächtlichmachung und Reha-*

bilitierung. Ein Lesebuch zur Friedenserziehung, hg. v. Helmut Donat und Johann P. Frommen, edition die horen 3, Bremerhaven 1982, S. 23 ff.

Auf keinen Fall schaden ..., in: *Verantwortlich für Polen?* hg. v. Heinrich Böll, Freimut Duve und Klaus Staeck, Reinbek 1982, S. 138–141.

Reflexionen zur Bergpredigt (Matth. 5, 13–16), in: *Der verbotene Friede. Reflexionen zur Bergpredigt aus zwei deutschen Staaten,* hg. v. Wolfgang Erk, Stuttgart 1982, S. 69–76.

Appell in letzter Stunde, in: *In letzter Stunde, Aufruf zum Frieden,* hg. v. Walter Jens, München 1982, S. 7–26.

Was heißt für mich Frieden?, in: *Was heißt für mich Frieden,* hg. v. Werner Filmer und Heribert Schwan, Oldenburg/Hamburg/München 1982, S. 145–146.

Vorwort zu: Bruno Kreisky, *Politik braucht Visionen. Aufsätze, Reden und Interviews zu aktuellen politischen Fragen,* Königstein 1982, S. VII–XII.

Komm mit, Freund, es lohnt sich! Walter Fabian zum 80. Geburtstag, in: Literatur in Köln, 14, 1982, S. 5.

Nachwort zu: Wolfgang Weyrauch, *Anders wär's besser.* Erzählungen, Würzburg 1982, S. 168–173.

Natur und Kunst: Über Richard Wagners »Die Meistersinger von Nürnberg«, in: Programmhefte der Bayreuther Festspiele 1982, Heft 4, hg. v. Wolfgang Wagner, Bayreuth 1982; wieder abgedruckt in: *Von deutscher Rede,* erw. Neuausgabe München/Zürich 1983, S. 147–162.

Die alten Zeiten niemals zu verwinden. Rede aus Anlaß des 50. Jahrestages der Bücherverbrennung am 10. Mai 1933, gehalten am 8. 5. 1983, gedruckt als: Anmerkungen zur Zeit, Nr. 20, hg. v. der Akademie der Künste, Berlin 1983; wieder abgedruckt in: *Kanzel und Katheder*. Reden, München 1984, S. 51–65.

Geist und Macht. Literatur und Politik in Deutschland. Zur Erinnerung an den Tag der Bücherverbrennung, in: Schriften der Freien Akademie der Künste in Hamburg Nr. 8, Hamburg 1983, S. 8–24; wieder abgedruckt in: *Kanzel und Katheder*. Reden, München 1984, S. 9–30.

Lessings Nathan aus der Perspektive von Auschwitz. Juden und Christen in Deutschland, in: Schriften der Freien Akademie der Künste in Hamburg Nr. 7, Hamburg 1983; wieder abgedruckt in: *In Sachen Lessing*. Vorträge und Essays, Stuttgart 1983, S. 133–156; wieder abgedruckt in: *Kanzel und Katheder*. Reden, München 1984, S. 31–49.

Gerechtigkeit im Zeichen der Liebe, in: Radius-Almanach 1983/84, Stuttgart 1983, S. 7–13.

Predigt über Jesaja 1,27, in: Radius-Almanach 1983/84, Stuttgart 1983, S. 7–13.

Das Vermächtnis eines Gesamtkünstlers: Karl Friedrich Schinkel, in: *Von deutscher Rede*, erw. Neuausgabe München/Zürich 1983, S. 88–108.

Ein deutscher Jude: Heinrich Heine, in: *Von deutscher Rede*, erw. Neuausgabe München/Zürich 1983, S. 133–146.

Rhetorica contra rhetoricam: Hugo von Hofmannsthal, in: *Von deutscher Rede*, erw. Neuausgabe München/Zürich 1983, S. 163–191.

Hippokrates und Holocaust. Von der Verantwortung des Wissenschaftlers in finsterer Zeit, in: DIE ZEIT, 11. 5. 1984

174

(Teil 1), 18. 5. 1984 (Teil 2); wieder abgedruckt in: *Kanzel und Katheder*. Reden, München 1984, S. 67–88.

Sadistische Spiele auf dem Dachboden. Über Robert Musils »Die Verwirrungen des Zöglings Törleß«, in: Frankfurter Allgemeine Zeitung, 19. 7. 1984; wieder abgedruckt in: Robert Musil, *Die Verwirrungen des Zöglings Törleß*, Bibliothek des 20. Jahrhunderts, hg. v. Walter Jens und Marcel Reich-Ranicki, München/Stuttgart o. J.; wieder abgedruckt in: *Einspruch. Reden gegen Vorurteile*, München 1992, S. 191–198.

Rede zum 100. Geburtstag des Akademischen Turnbunds in Fellbach, in: Diskussion Deutsch 78, August 1984.

Mutlanger Herbst. Rede, in: Allmende. Eine alemannische Zeitschrift, hg. v. Manfred Bosch, Leo Haffner, Adolf Muschg u. a., Nr. 9, 1984, S. 143–146.

Des deutschen Geistes gewaltiges Vorratshaus. Geschichte und Bedeutung des Grimmschen Wörterbuchs, in: Frankfurter Allgemeine Zeitung, 20. 11. 1984.

Verteidigt die Kultur. Gegen Zensur – für Meinungsfreiheit, hg. v. Inge Karst-Staeck und Klaus Staeck, Göttingen 1984; darin: Walter Jens S. 20–22 u. S. 40.

Das Zeugnis der Dinge, in: *Rolf Escher. Schauplätze. Zeichnungen aus italienischen Städten*, hg. v. Hans und Margret Redies, Stuttgart/Zürich 1984, S. 9–12.

Walter Jens zu Römer 8, in: *Deutscher Evangelischer Kirchentag in Hannover 1983. Dokumente*, hg. v. Hans Jochen Luhmann und Gundel Neveling-Wagener, Stuttgart 1984, S. 120–125; wieder abgedruckt in: *Kanzel und Katheder*. Reden, München 1984, S. 135–142.

Nachdenken über Heimat. Fremde und Zuhause im Spiegel

deutscher Poesie, in: *Kanzel und Katheder.* Reden, München 1984, S. 89–105.

Theologie und Literatur. Möglichkeiten und Grenzen eines Dialogs, in: *Kanzel und Katheder.* Reden, München 1984, S. 107–133; wieder abgedruckt in: *Theologie und Literatur. Zum Stand des Dialogs,* hg. v. Walter Jens, Hans Küng und Karl-Josef Kuschel, München 1986, S. 39–56.

... und habe Euch doch geliebt. Gedanken über den paulinischen Christus, in: *Kanzel und Katheder.* Reden, München 1984, S. 143–152.

Martin Luther. Prediger, Poet und Publizist, in: *Kanzel und Katheder.* Reden, München 1984, S. 163–189; auch gedruckt als: Schriften der Freien Akademie der Künste in Hamburg 9, Hamburg 1984.

»Nicht eben wenig, denke ich ...« Dankesrede von Walter Jens für den Adolf-Grimme-Preis des Deutschen Volkshochschul-Verbandes, in: medium – Zeitschrift für Hörfunk, Fernsehen, Film, Presse, 15. Jg., 1985, Heft 11 u. 12, S. 11–12.

Die Zehn Gebote (Exodus 20, 1–17), in: *Die Zehn Gebote. Eine Reihe mit Gedanken und Texten,* hg. v. Heinrich Albertz, Bd. 1, Stuttgart 1985, S. 9–15.

Trotz allem Liebe!, in: Radius-Almanach 1985/86, Stuttgart 1985, S. 7–10.

Trost in der Stunde des Abschieds? Walter Jens über Hoimar v. Ditfurth: »So laßt uns denn ein Apfelbäumchen pflanzen«, in: Der Spiegel, Nr. 45, 4. 11. 1985, S. 282–285.

Die ungehaltene Rede vor dem Deutschen Bundestag, in: *Ungehaltene Reden vor dem deutschen Bundestag,* hg. v.

Manfred Bissinger, mit Illustrationen von Horst Janssen, Hamburg/Zürich 1985, S. 95–100.

Laudatio auf Marcel Reich-Ranicki zur Verleihung der Heinrich-Heine-Plakette 1976, in: *Über Marcel Reich-Ranicki. Aufsätze und Kommentare*, hg. v. Jens Jessen, München 1985, S. 204–214.

H. G. Adler zum 75. Geburtstag, in: europäische ideen, hg. v. Andreas Mytze, 1985, Heft 60, S. 5.

Walter Jens am 21. Januar 1985, in: *Verwerflich? Friedensfreunde vor Gericht*, hg. v. Ute Finckh und Inge Jens, München 1985, S. 61–66.

»Gewißheit! Gewißheit!« Blaise Pascal. Pensées, in: *Dichtung und Religion*, hg. v. Walter Jens und Hans Küng, München 1985, S. 30–42.

»Das Schwert in einen Pflug verkehrt«. Andreas Gryphius. Gedichte, in: *Dichtung und Religion*, hg. v. Walter Jens und Hans Küng, München 1985, S. 62–79.

»Nathans Gesinnung ist von jeher die meinige gewesen«. Gotthold Ephraim Lessing. Nathan der Weise, in: *Dichtung und Religion*, hg. v. Walter Jens und Hans Küng, München 1985, S. 102–119.

»… und schauet den Frieden«. Friedrich Hölderlin. Hymnen, in: *Dichtung und Religion*, hg. v. Walter Jens und Hans Küng, München 1985, S. 143–161.

»Ein großes Friedensfest auf den rauchenden Walstätten«. Novalis. Die Christenheit in Europa, in: *Dichtung und Religion*, hg. v. Walter Jens und Hans Küng, München 1985, S. 183–202.

»Jetzt, wo man zu Tausenden Märtyrer braucht«. Søren Kier-

kegaard. Einübung im Christentum, in: *Dichtung und Religion*, hg. v. Walter Jens und Hans Küng, München 1985, S. 224–241.

»Ich will aber sehen, wie der Ermordete aufsteht und seinen Mörder umarmt«. Fjodor Michailowitsch Dostojewski. Die Brüder Karamasow, in: Dichtung und Religion, hg. v. Walter Jens und Hans Küng, München 1985, S. 267–284.

»Laßt den Menschen nicht verkommen!« Franz Kafka. Das Schloß, in: *Dichtung und Religion*, hg. v. Walter Jens und Hans Küng, München 1985, S. 306–324.

Das historische Schauspiel. Zu Thomas Manns Tagebüchern, in: Frankfurter Allgemeine Zeitung. Bilder und Zeiten, 15. 2. 1986.

Haltet der Geschichte den Spiegel vor, in: Sinn und Form. Beiträge zur Literatur, 38. Jahr, 1986, Heft 5, S. 922–925.

Lob des Einzelnen. Zum 20jährigen Bestehen der Reutlinger Drucke, und: *Straßen-Geschichte. Für Richard Salis*, beide in: Reutlinger Drucke, 2. Ausgabe, 21. Jahr, Juni 1986.

Herr Kassandra. Wolfgang Koeppens »Gesammelte Werke in 6 Bänden«, in: DIE ZEIT, 18. 6. 1986.

Rede auf dem PEN-Kongreß am 22./23. 6. 1986, in: Deutsche Volkszeitung, 4. 7. 1986.

battle of books. Über die Bibliothek des 20. Jahrhunderts, in: Handelsblatt, Düsseldorf, 26. 9. 1986.

Die besondere Friedenspflicht des Christen. Über Erasmus von Rotterdam, in: Radius-Almanach 1986/87, Stuttgart 1986, S. 5–15.

Jesu sieben letzte Worte am Kreuz. Die Botschaft hör ich wohl.

Schriftsteller zur Religion, hg. v. Martin Gregor-Dellin, Stuttgart 1986, S. 150–157.

Grußwort im Jahrbuch für Blindenfreunde 1986, hg. v. Deutschen Blindenverband, Bonn 1986, S. 4–5.

Hans-Jochen Vogel zum 60. Geburtstag, in: *Vogelkunde. Hans-Jochen Vogel zum 60. Geburtstag.* Gesammelt von Eva Rühmkorf, hg. v. SPD-Parteivorstand. o. O. 1986, S. 270–272.

Laudatio auf Hans Diegener, Hotelier des Schwarzwaldhotels in Königsfeld, in: Almanach 86, Heimatjahrbuch des Schwarzwald-Baar-Kreis, Villingen-Schwenningen 1986, S. 68–69.

Gutes Deutsch, in: *Sprach-Störungen. Beiträge zur Sprachkritik,* hg. v. Hans-Martin Gauger, München 1986, S. 38–40.

Wolfgang Hildesheimer: ein bildender Künstler, in: text u. kritik. Zeitschrift für Literatur, hg. v. Heinz Ludwig Arnold, Heft 89/90, München 1986, S. 1–7.

Über Martin Gregor-Dellin, in: *Pathos und Ironie. Ein Lesebuch von und über Martin Gregor-Dellin,* hg. v. Elisabeth Endres, München 1986, S. 11–15.

Max Frisch. Stiller, in: Max Frisch, *Stiller,* Bibliothek des 20. Jahrhunderts, hg. v. Walter Jens und Marcel Reich-Ranicki, Stuttgart/München 1986.

Oskar Maria Graf. Wir sind Gefangene, in: Oskar Maria Graf, *Wir sind Gefangene,* Bibliothek des 20. Jahrhunderts, hg. v. Walter Jens und Marcel Reich-Ranicki, Stuttgart/München 1986; wieder abgedruckt in: *Deutsche Lebensläufe in Autobiographien und Briefen,* hg. v. Walter Jens und Hans Thiersch, Weinheim und München 1987, S. 201–218.

Dichtung, um zu überleben. Zum 70. Geburtstag von Paul Hoffmann, in: Schwäbisches Tagblatt, 4. 4. 1987.

Deutsche Mauern und Zäune, in: DIE ZEIT, 17. 4. 1987; wieder abgedruckt in: *Dies schöner Land. 62 Nahaufnahmen,* hg. v. Klaus Blanc, München 1990, S. 91–96.

Unser Uhland, in: DIE ZEIT, 1. 5. 1987; wieder abgedruckt in: Sinn und Form, 40. Jahr, 1988, Jan./Feb., Berlin 1988, S. 118–132.

Bürger, Preuße, Jude. Günter Buschs meisterhaftes Buch über Max Liebermann, in: DIE ZEIT, 26. 6. 1987.

Wo Tod und Liebe miteinander streiten. Der Erzähler Arthur Schnitzler, in: Frankfurter Allgemeine Zeitung, 8. 12. 1987; wieder abgedruckt in: Arthur Schnitzler, *Die Erzählungen,* Bibliothek des 20. Jahrhunderts, hg. v. Walter Jens und Marcel Reich-Ranicki, Stuttgart/München o. J.; wieder abgedruckt in: *Einspruch. Reden gegen Vorurteile,* München 1992, S. 165–175.

Entschieden demütig. Über Kurt Scharfs Buch »Widerstehen und Versöhnen: Rückblicke und Ausblicke«, in: DIE ZEIT, 11. 12. 1987.

Nachwort zu: Curt Meyer-Clason, *Portugiesische Tagebücher (1969–1976),* Bergisch Gladbach 1987, S. 419–424.

In Königsfeld, in: *Auskunft über Deutschland,* hg. v. Manfred Bissinger, Hamburg/Zürich 1987, S. 118–126.

Über Paul Struck, in: *Paul Struck. Ölbilder – Aquarelle – Zeichnungen,* Frankfurt a. M. 1987, S. 4–7.

Ein frommer Rebell – Über Ulrich Bräker, den armen Mann im Tockenburg, in: *Religion und Biographie. Perspektiven zur gelebten Religion,* hg. v. Albrecht Grötzinger und Luther

Henning, München 1987, S. 101–110; wieder abgedruckt in: *Deutsche Lebensläufe in Autobiographien und Briefen,* hg. v. Walter Jens und Hans Thiersch, Weinheim/München 1987, S. 9–24.

Johann Joachim Winckelmanns Briefe, in: *Deutsche Lebensläufe in Autobiographien und Briefen,* hg. v. Walter Jens und Hans Thiersch, Weinheim/München 1987, S. 52–68; wieder abgedruckt in: *Impulse. Aufsätze. Quellen. Berichte zur deutschen Klassik und Romantik,* hg. v. Werner Schubert und Reiner Schlichting, Folge 12, Berlin/Weimar 1989, S. 5–19.

Rahel Varnhagens Briefe, in: *Deutsche Lebensläufe in Autobiographien und Briefen,* hg. v. Walter Jens und Hans Thiersch, Weinheim und München 1987, S. 83–99.

Sinnlichkeit und Prägnanz. Nachdenken über Rahel Varnhagen, in: *»Sinnlichkeit in Bild und Klang«. Festschrift für Paul Hoffmann zum 70. Geburtstag,* hg. v. Hansgerd Delbrück, Stuttgart 1987, S. 267–278.

Bismarcks »Erinnerung und Gedanke«, in: *Deutsche Lebensläufe in Autobiographien und Briefen,* hg. v. Walter Jens und Hans Thiersch, Weinheim/München 1987, S. 101–117.

Adelheid Popps »Jugendgeschichte einer Arbeiterin«, in: *Deutsche Lebensläufe in Autobiographien und Briefen,* hg. v. Walter Jens und Hans Thiersch, Weinheim/München 1987, S. 133–150.

Rosa Luxemburgs Briefe, in: *Deutsche Lebensläufe in Autobiographien und Briefen,* hg. v. Walter Jens und Hans Thiersch, Weinheim/München 1987, S. 167–184.

Klaus Manns »Der Wendepunkt«, in: *Deutsche Lebensläufe in Autobiographien und Briefen,* hg. v. Walter Jens und Hans Thiersch, Weinheim/München 1987, S. 233–250; wieder abgedruckt in: Klaus Mann, *Der Wendepunkt,* Bibliothek des 20. Jahrhunderts, hg. v. Walter Jens und Marcel Reich-Ranicki, Stuttgart/München o. J.

Geleitwort zu: Christof Mauch und Tobias Brenner, *Für eine Welt ohne Krieg. Otto Umfrid und die Anfänge der Friedensbewegung,* Tuningen 1987, S. 7–9.

Friedrich Dürrenmatt. Die Kriminalromane, in: Friedrich Dürrenmatt, *Die Kriminalromane,* Bibliothek des 20. Jahrhunderts, hg. v. Walter Jens und Marcel Reich-Ranicki, Stuttgart/München o. J.

Heinrich Böll. Ansichten eines Clowns, in: Heinrich Böll, *Ansichten eines Clowns,* Bibliothek des 20. Jahrhunderts, hg. v. Walter Jens und Marcel Reich-Ranicki, Stuttgart/München o. J.

Thomas Mann. Doktor Faustus, in: Thomas Mann, *Doktor Faustus,* Bibliothek des 20. Jahrhunderts, hg. v. Walter Jens und Marcel Reich-Ranicki, Stuttgart/München o. J.

In memoriam Martin Gregor-Dellin, in: Bühnenmanuskript 4, 1988, S. 3–4.

Eugen Kogon, in: Die Neue Gesellschaft. Frankfurter Hefte, 35. Jg., 1988, Nr. 12, S. 1088–1092.

Ein Hauch von Glasnost in den Arenen. Willi Daume zum 75. Geburtstag, in: Stern, 19. 5. 1988, S. 219.

Die Kunst der Freude. Essay, in: DIE ZEIT, 10. 6. 1988; wieder abgedruckt in: *Anhedonie. Verlust der Lebensfreude. Ein zentrales Phänomen psychischer Störungen,* hg. v. Hans Heimann, Stuttgart/New York 1990, S. 1–10; wieder abgedruckt in: *Einspruch. Reden gegen Vorurteile,* München 1992, S. 201–213.

182

Salut für Helmut Gollwitzer, in: Junge Kirche. Eine Zeitschrift europäischer Christen. Helmut Gollwitzer zum 80. Geburtstag, 49. Jg., 1988, Nr. 12, S. 668–669.

Contra. Eine Zeit-Kontroverse zwischen Ulrich Greiner und Walter Jens zu Martin Scorseses Film »Die letzte Versuchung Christi«, in: DIE ZEIT, 11. 11. 1988.

Ungehaltene Worte über eine gehaltene Rede. Wie Philipp Jenninger hätte reden müssen, in: DIE ZEIT, 18. 11. 1988.

Keine körperliche Qual kommt der Melancholie gleich. Über Robert Burtons Studie »The Anatomy of Melancholy«, in: DIE ZEIT, 9. 12. 1988.

Festvortrag anläßlich der Eröffnung des Forums am Schloßpark Ludwigsburg am 18. 3. 1988, in: Programmheft, hg. von der Stadt Ludwigsburg, 1988, S. 19–28; wieder abgedruckt in: *Einspruch. Reden gegen Vorurteile,* München 1992, S. 259–270.

Dankrede anläßlich der Verleihung der Plakette der Freien Akademie der Künste in Hamburg, in: *Schriften der Freien Akademie der Künste in Hamburg. Dokumentation der Verleihung der Plakette 1987 und 1988 an Walter Jens und György Ligeti,* Hamburg 1988, S. 27–28.

Eine Welt oder keine – für eine universelle Kultur, in: *Eine Welt oder keine.* Kolloquium am 6. 2. 1988, Martin-Niemöller-Stiftung, Köln/Essen 1988, S. 10–15.

Laudatio auf Hans Mayer, in: Bloch-Almanach, hg. v. Ernst-Bloch-Archiv der Stadtbibliothek Ludwigshafen, 8. Folge, 1988, S. 13–22.

Rede zur Verleihung des Wolfgang-Abendroth-Preises 1988 an Elke Suhr, in: *Wolfgang-Abendroth-Preis 1988,* hg. v.

Bund demokratischer Wissenschaftlerinnen und Wissenschaftler, Marburg o. J., S. 9–14.

Kleinstadt-Meditation am Sonntag, in: *anstiftungen. tübinger lesebuch,* hg. v. Birgit Heiderich, Stuttgart 1988, S. 32–36.

Der Blick des kastalischen Glasperlenspielers auf die Hafenstraße und Ernst Thälmann, in: *Vernunft riskieren. Klaus von Dohnanyi zum 60. Geburtstag,* hg. v. Peter Glotz, Rolf Kasiske u. a., Hamburg 1988, S. 22–26.

Universität und Künste, in: Radius-Almanach 1988/89, Stuttgart 1988, S. 9–14.

Über Emil Nolde, in: Radius-Almanach 1988/89, Stuttgart 1988, S. 16.

Geburtstagsgruß, in: *Ich bin nur in Wörtern. Johannes Poethen zum 60. Geburtstag,* hg. v. Jochen Kelter und Jürgen P. Wallmann, Warmbronn 1988, S. 39.

»Wenn meine Utopie zum Teufel geht ...«, Nachwort zu: Gert Heidenreich, *Füchse jagen,* München 1988, S. 105–110.

Vorwort zu: *Natur in den Geisteswissenschaften. Erstes Blaubeurer Symposion vom 23.–26. 9. 1987,* hg. v. Richard Brinkmann, Tübingen 1988, S. VII–X.

Über Humanität, in: *Plädoyers für die Humanität. Zum Gedenken an Eugen Kogon,* hg. v. Walter Jens und Gunnar Matthiesson, München 1988, S. 9–15.

Die große Vision vom Frieden: Erasmus von Rotterdam, in: *Gegenentwürfe. 24 Lebensläufe für eine andere Theologie. Hans Küng zum 60. Geburtstag,* hg. v. Hermann Häring und Karl-Josef Kuschel, München/Zürich 1988, S. 109–128;

wieder abgedruckt in: *Einspruch. Reden gegen Vorurteile,* München 1992, S. 13–34.

Nicht hassen, nur lieben. Zum Tode der Schauspielerin Ida Ehre, in: DIE ZEIT, 24. 2. 1989.

Das Land der Sieger weitab von der Paulskirche, weitab von Weimar, in: Blätter für deutsche und internationale Politik, 1989, Nr. 2, S. 156–170; wieder abgedruckt in: *Juden und Christen in Deutschland.* Drei Reden, Stuttgart 1989, S. 27–58.

Unterwegs mit Walter Jens, in: *Saison. Das Reisemagazin von Geo,* 22. 5. 1989, S. 46–53.

Begegnung auf fränkischem Olymp. Ein imaginäres Streitgespräch über die Französische Revolution zwischen deutschen Dichtern und Denkern, in: Nürnberger Zeitung, 1. 7. 1989.

Morgen der Freiheit, Posse, konkrete Utopie. Die Geschichte einer Faszination: Deutschland und die Revolution der Franzosen, in: DIE ZEIT, 14. 7. 1989.

Über demokratische Beredsamkeit oder: Politik muß für Wahrheiten Worte finden, in: *Die aufgeklärte Republik. Eine kritische Bilanz,* hg. v. Hildegard Hamm-Brücher und Norbert Schreiber, München 1989, S. 123–127.

Ida Ehre. Laudatio, in: Radius-Almanach 1989/90, Stuttgart 1989, S. 18–23.

Klappholttal hat zwei Gesichter, in: *Klappholttal – Sylt 1919 – 1989,* hg. v. Michael Anditzky, Giessen 1989, S. 153–154.

Zurücknahme der Französischen Revolution – Von der Bücherverbrennung zur Reichskristallnacht, in: *Folgen der Französischen Revolution,* hg. v. Henning Kauß, Frankfurt/M. 1989, S. 14–38.

Maria von Magdala, in: *Gotteslehrerinnen,* hg. v. Luise Schottroff und Johannes Thiele, Stuttgart 1989, S. 47–58.

Georg Büchner. Poet und Rebell, im Licht unserer Erfahrung, in: Der Alternative Büchnerpreis 1989, Darmstadt 1989, S. 17–31; wieder abgedruckt in: DIE ZEIT, 24. 2. 1990 und in: *Einspruch. Reden gegen Vorurteile,* München 1992, S. 73–85.

Geleitwort zu: Werner Waldmann und Rainer Zerbst, *Romantische Städte in Baden-Württemberg,* Leinfelden-Echterdingen 1989, S. 7.

Das Schlatterhaus, in: *Sammelbuch zum 75jährigen Jubiläum des Adolf-Schlatter-Hauses am 1. Juli 1989,* hg. v. der Evangelischen Studentengemeinde Tübingen 1989, S. 47–48.

Ein Gedankenspiel das Ganze, in: *Christa Wolf zum sechzigsten Geburtstag,* hg. vom Luchterhand Literaturverlag, Frankfurt a. M. 1989, S. 9–13.

»Ich denke, man wird von ihr hören.« Rede auf dem 1. Gewerkschaftstag der IG Medien, in: die feder. Zeitschrift für Journalisten und Schriftsteller, Nr. 5, 1989, S. 20–26.

»Ich umarme Sie tausendmal in Gedanken ...« Eva König *und Gotthold Ephraim Lessing,* in: *Liebespaare,* hg. v. Hans Jürgen Schultz, Stuttgart 1989, S. 129–135.

Hermann Sinsheimer. Dankesrede für die Verleihung des Hermann-Sinsheimer-Preises in Freinsheim am 12. März 1989, in: Radius-Almanach 1989/90, Stuttgart 1989, S. 12–17.

O. T., in: *Ohne Städte keine Zukunft. Dokumentation der Bonner Hauptversammlung 1989. Vorträge, Aussprachen und Ergebnisse der 25. ordentlichen Hauptversammlung des*

186

Deutschen Städtetages vom 29.–31. Mai 1989 in Bonn, Stutt-
gart/Berlin/Köln/Mainz 1989, S. 65–68.

Der Traum von der Versöhnung und das Ende der Illusion.
Rede, in: *Juden und Christen in Deutschland.* Drei Reden,
Stuttgart 1989, S. 59–90.

»Ich, ein Jud«. Verteidigungsrede des Judas Ischarioth, in:
Juden und Christen in Deutschland. Drei Reden, Stuttgart
1989, S. 9–25; wieder abgedruckt in: *Dichter predigen in
Schleswig-Holstein,* hg. v. Hans Joachim Schädlich, Stuttgart
1991, S. 36–45.

*Nachdenken über Deutschland. Warnung vor den Winken
aus dem Zuschauerraum,* in: Neue Rundschau, 101. Jg.,
1990, Heft 1, S. 91–93.

Zum 75. Geburtstag von Stefan Hermlin, in: Sinn und Form,
42. Jahr, 1990, Heft 2, S. 301–303.

*»Ein Grab in den Lüften ...« Über die TV-Dokumentation
»Der Tod ist ein Meister aus Deutschland«,* in: Der Spiegel,
17, 1990, S. 224 f.

*Plädoyer gegen die Preisgabe der DDR-Kultur. Fünf Forde-
rungen an die Intellektuellen im geeinten Deutschland,* in:
Süddeutsche Zeitung, 16./17. 6. 1990; wieder abgedruckt
in: *UNIVERSITAS. Zeitschrift für interdisziplinäre Wissenschaft,* 45. Jg., 1990, Nr. 533, S. 1021–1028.

*Champagner– zweimal wöchentlich zu liefern. Goethe in
seinen Briefen,* in: DIE ZEIT, 22. 6. 1990.

Meine Seh-Bibliothek, in: DIE ZEIT, 17. 8. 1990.

Kunst als Gnadengabe. Ein katholisches Happy-End? Über
Thomas Mann, *Der Erwählte,* in: DIE ZEIT, 5. 10. 1990;

wieder abgedruckt in: *Einspruch. Reden gegen Vorurteile,* München 1992, S. 177–189.

Ungeheurer als der Mensch: Nichts, in: Das Plateau. Die Zeitschrift im Radius Verlag, Nr. 1, Oktober 1990, S. 2–3.

Recht auf den eigenen Tod?, in: Das Plateau. Die Zeitschrift im Radius Verlag, Nr. 2, Dezember 1990, S. 2–3.

Damenmänner. Von Siebold bis Rummschüttel– ein literarischer Blick zurück in die Zeit, als Frauenheilkunde noch Männersache war, in: DIE ZEIT, 7. 12. 1990.

Merken! Festhalten! Das Tagebuch Isaak Babels, in: DIE ZEIT, 14. 12. 1990.

Sigmund Freud. Porträt eines Schriftstellers, in: Schriften der Freien Akademie der Künste in Hamburg 16, Hamburg 1990, S. 3–18; wieder abgedruckt in: Psyche, 45. Jg., November 1991, S. 949–966 und in: *Einspruch. Reden gegen Vorurteile,* München 1992, S. 99–118.

»Das große Schauspiel eines der Sklaverei entronnenen Volkes«. Festrede zur Eröffnung der Ausstellung »Freiheit– Gleichheit– Brüderlichkeit. 200 Jahre Französische Revolution in Deutschland« am 24. 6. 1989 im Opernhaus Nürnberg, in: Anzeiger des Germanischen Nationalmuseums 1989, Nürnberg 1990, S. 275–282; wieder abgedruckt in: *Einspruch. Reden gegen Vorurteile,* München 1992, S. 231–247.

Yorik in Deutschland. Laudatio auf Dieter Hildebrandt zur Verleihung des Alternativen Büchnerpreises 1990, in: *Der Alternative Büchnerpreis,* Darmstadt 1990, S. 10–17.

Carlo Schmid, in: *Kritik und Vertrauen. Festschrift für Peter Schneider zum 70. Geburtstag,* hg. v. Erhard Denninger, Manfred Hinz u. a., Frankfurt a. M. 1990, S. 143–157.

Wenn er kommt, wird's nie langweilig, in: *Den Staat denken. Theodor Eschenburg zum 85. Geburtstag,* hg. u. eingel. v. Hermann Rudolph, Berlin 1990, S. 80–83.

Der Tausendsassa Irmtraud Morgner, in: *Irmtraud Morgner. Texte, Daten, Bilder,* hg. v. Marlis Gerhardt, Frankfurt a. M. 1990, S. 100–108.

Meinem Lehrer Gert Westphal, in: *Des Dichters oberster Mund. Gert Westphal zum 70. Geburtstag,* hg. v. Bernd M. Kraske, Glinde 1990, S. 42–44.

Westdeutsche Literatur, in: CONSTRUCTIV, 2. Jg., Januar 1991, S. 26–28.

Mit dem Blick auf morgen. Plädoyer gegen das Schwarzweiß-denken in der Golfkrieg-Diskussion, in: DIE ZEIT, Nr. 9, 22. 2. 1991; wieder abgedruckt in: *Einspruch. Reden gegen Vorurteile,* München 1992, S. 249–255.

Inferno als Ort des Gelächters. Friedrich Dürrenmatt zum Gedächtnis, in: Süddeutsche Zeitung, 9. 3. 1991; wieder abgedruckt in: *Einspruch. Reden gegen Vorurteile,* München 1992, S. 153–161.

Universale Poesie. Rede zur Eröffnung der Peter-Weiss-Ausstellung in Berlin, in: neue deutsche literatur. Monatszeitschrift für deutschsprachige Literatur und Kritik, 39. Jg., 1991, 461. Heft, S. 5–11.

Kollege M. Über Wolfgang Amadäus Mozart, in: DIE ZEIT, 20. 12. 1991; wieder abgedruckt in: *Einspruch. Reden gegen Vorurteile,* München 1992, S. 57–72.

»Ich bin einmal ein Schriftsteller gewesen.« Kurt Tucholsky zu Ehren, in: *Tucholsky heute – Rückblick und Ausblick,* hg. v. Irmgard Ackermann und Klaus Hübner, München 1991,

S. 54–69; wieder abgedruckt in: *Einspruch. Reden gegen Vorurteile,* München 1992, S. 119–139.

Kurt Marti zu Ehren, in: *Kurt Marti. Texte, Daten, Bilder,* hg. v. Christof Mauch, Frankfurt a. M. 1991, S. 7–12.

Zeichen des Infernos, in: *Das Buch vom Hören,* hg. v. Robert Kuhn u. Bernd Kreutz, Freiburg i. B. 1991, S. 114–115.

Vorwort zu Ludovic Kennedy, *Sterbehilfe. Ein Plädoyer,* aus dem Englischen übers. v. Christian Quatmann, München 1991, S. 5–9.

Über einen Erasmianer, Vorwort zu: Carl Amery, *Bileams Esel,* München 1991, S. I–IV.

Keine Konföderation zwischen Tätern und Denkern?, in: Walter Jens und Wolfgang Graf Vitzthum, *Dichter und Staat,* Berlin/New York 1991, S. 1–3.

Geist und Macht. Aspekte eines deutschen Problems, in: Walter Jens und Wolfgang Graf Vitzthum, *Dichter und Staat,* Berlin/New York 1991, S. 61–101.

Wer ist Jesus für mich? in: Diakonia. Internationale Zeitschrift für die Praxis der Kirche, 33. Jg., 1992, Heft 1, S. 7.

Ein Prophet des Friedens. Martin Niemöller zum 100. Geburtstag, in: Blätter für deutsche und internationale Politik 2, 36. Jg., 1992, S. 160–170.

Simon Fels unter den Päpsten. Ein Monolog, in: Sinn und Form, 44. Jg., 1992, H. 4, S. 509–517.

Plädoyer für die Provinz, in: *Wir wollen nicht ohne Hoffnung leben. Texte und Beiträge anläßlich des 85. Geburtstages von*

Hans Mayer, hg. v. Michael Lewin (Schriften der Internationalen Erich-Fried-Gesellschaft für Literatur und Sprache Bd. 2), Wien 1992, S. 96–98.

»Und immer ein Solitär –.« Rede anläßlich des Geburtstagsempfanges der Stadt Tübingen gemeinsam mit der Berliner und Hamburger Akademie am 19. März 1992, in: *Wir wollen nicht ohne Hoffnung leben. Texte und Beiträge anläßlich des 85. Geburtstages von Hans Mayer*, hg. v. Michael Lewin (Schriften der Internationalen Erich-Fried-Gesellschaft für Literatur und Sprache Bd. 2), Wien 1992, S. 99–100.

Über Rilke und Riedle. Otto Rehagel und Walter Jens im Gespräch, in: Stern, 2. 7. 1992, S. 73–80.

Lobrede auf mein Hamburg, in: Radius-Almanach 1992/93, Stuttgart 1992, S. 5–11.

Gotthold Ephraim Lessing. Streit und Humanität, in: *Einspruch. Reden gegen Vorurteile*, München 1992, S. 35–55.

Richard Wagner. Erlösungszauber, in: *Einspruch. Reden gegen Vorurteile*, München 1992, S. 87–98.

Über die Vergänglichkeit. Der 90. Psalm, in: *Einspruch. Reden gegen Vorurteile*, München 1992, S. 215–229.

»… Auf dem Gebiet der Gynäkologie nicht ganz ohne Ruf«. 100 Jahre Tübinger Frauenklinik, in: *Einspruch. Reden gegen Vorurteile*, München 1992, S. 293–304.

»Es ist nicht viel, was wir ihnen bieten können«. Schwabens Philologisches Seminar – vom Norden aus betrachtet, in: *Einspruch. Reden gegen Vorurteile*, München 1992, S. 305–325.